Autoestima

Luis Rojas Marcos

Autoestima
nossa força interior

Tradução
Marcelo Barbão

POCKET
OURO

Título original
La Auto Estima

Texto revisto pelo novo Acordo Ortográfico

Capa
Osmane Garcia Filho

Diagramação
Celina Faria

Revisão
Mariana Oliveira

Produção editorial
Guilherme Bernardo
Rosana A. Moraes

PocketOuro é um selo da Ediouro Publicações Ltda.

Rua Nova Jerusalém, 345 – Bonsucesso
Rio de Janeiro – RJ – CEP: 21042-235
Tel.: (21)3882-8200 – Fax: (21)3882-8212/8313
www.ediouro.com.br

Sumário

"Escuta, presta atenção ao que digo: Ao longo dos anos se passaram muitos maestros pela minha orquestra. Alguns foram famosos; a maioria, pessoas comuns. Esta canção vai dedicada a todos eles. Apresentei-me em locais comuns e em grandes teatros. Fui muito pobre e também muito bem pago. Comecei por baixo e alcancei o topo. E tenho de dizer que a experiência foi grandiosa. Mas não teria sido possível sem eles. Sem suas notas mágicas, sem suas pérolas musicais, não teria conseguido. Este brinde é à orquestra!"

Frank Sinatra, Brinde pela orquestra, 1983

Primeira parte

I

O cenário do "eu"

"Que estranho, onde quer que fixe meus olhos, sempre vejo as coisas do meu ponto de vista."

Ashleigh Brilliant, *Pensamentos*, 1985

Autofascinação

"Mas basta de mim! Falemos de você... O que pensa de mim?"

Edward I. Koch, prefeito de Nova York, em entrevista, 1987

Para o comum dos mortais, quem é mais importante no mundo é ele mesmo. Quando refletimos ou conversamos com alguém próximo, os temas que acabam se tornando mais relevantes e emotivos são os que tratam de algum aspecto de nosso "eu", de acontecimentos que nos afetam pessoalmente.

A curiosidade para entender a si mesmo é a principal força que impulsiona diariamente milhões de homens e mulheres para buscar, com avidez, histórias humanas com as quais se identifiquem, seja nas notícias da imprensa, nos programas de rádio, de televisão, no cinema, nas obras de teatro, seja em livros, em revistas ou na internet. A preocupação com o próprio "eu" também impulsiona inúmeras pessoas a procurar psicólogos, psiquiatras, leitores de cartas, adivinhos, bruxas, astrólogos, grafólogos ou até mesmo pessoas que leem as linhas da mão, em busca de respostas a algum conflito de relacionamento, à procura de prognósticos sobre o que está por vir ou de esclarecimentos sobre facetas de seu caráter que as deixam agoniadas ou que não compreendem.

Apesar do interesse, insaciável e universal, por saber sobre nós mesmos, todos atravessamos momentos em que não nos entendemos. Expressões comuns, como "me pergunto por que disse aquilo", "não parece coisa minha sentir isso", "verdadeiramente não tenho nem ideia de por que eles não gostam de mim" ou "estou tão enrolado comigo mesmo que não consigo tomar uma decisão", ilustram esse ponto. A verdade é que, para quase todos nós, custa muito definir quem somos. E não é por falta de palavras. Em 1974, o Departamento de Psicologia da Universidade da Califórnia, em Los Angeles, recopilou uma lista de mais de vinte mil adjetivos em inglês — quase todos com traduções em outras línguas românicas — que podemos usar para nos descrever. Embora muitos vocábulos sejam sinônimos, a variedade é impressionante. Se, além disso, adicionarmos comentários sobre nossos gostos, interesses, atitudes, valores, experiências, sentimentos e crenças, as possibilidades são quase infinitas.

Especificamente bem no começo de minha carreira profissional, compreendi que a informação mais reveladora que alguém pode nos contar é a que nos relata quando fala genuinamente a respeito de si próprio. Por isso, em meu livro de notas das primeiras consultas como psiquiatra, depois de escrever o motivo principal da visita, sempre anoto a resposta dos pacientes à minha pergunta-chave: "Fale-me de você". A resposta a essa questão poucas vezes flui com facilidade. Muitos pacientes ficam perplexos e me dizem que nunca lhes tinham perguntado algo semelhante. Alguns emudecem, hesitantes por uns minutos, ou pedem que eu esclareça meu pedido com um "O que quer dizer?" ou "A que se refere?". A maioria das pessoas não está preparada para se descrever espontaneamente nem colocou em ordem sua autobiografia. Parte da indecisão também pode ser devida a não quererem revelar aspectos pessoais por temor em criar má impressão de si próprio no interlocutor.

Imagine por um momento, querido leitor ou leitora, que faço essa pergunta a você. Estamos conversando amigavelmente em algum lugar tranquilo e então eu lhe peço que se descreva como pessoa. Suspeito que o mais provável é que se surpreenda, que vacile e que não esteja seguro de por onde começar: começaria, talvez, pela idade, pelo lugar de nascimento, estado civil, pela família, pelos relacionamentos mais importantes? Primeiro contaria as coisas das quais gosta e das quais não gosta? Identificaria sua profissão, algum traço físico, certa característica de sua personalidade ou um problema sério que o aflige? Descreveria o tipo de casa ou a marca de carro que possui? Ou me explicaria antes de tudo suas crenças religiosas, os valores sociais em que acredita ou as ideias políticas que tem?

Sua provável reação de perplexidade ante minha pergunta é muito normal. Ainda que se sinta confortável e confie em seu interlocutor, e mesmo que seja dado à introspecção e tenha conseguido construir uma imagem clara de si mesmo, suspeito que bem raramente tenha parado para se descrever, e muito menos em voz alta. Exceto os dados pessoais concretos e fáceis de expressar, como a data de nascimento, a altura, a cor dos olhos ou o número de irmãos, a maior parte de nossa identidade é abstrata, porque é uma representação mental que construímos de nós próprios. Além disso, certos componentes de nosso caráter estão soterrados no inconsciente e muitas de nossas tendências e emoções se prestam a uma ampla gama de matizações.

Não são poucas as pessoas que reconhecem facetas contraditórias dentro de si segundo o papel que desempenham na sociedade. Por exemplo, um juiz comentava: "Como homem, muitos dos criminosos que sentencio me dão lástima; mas, como juiz, sinto que o justo é condená-los à prisão perpétua." Uma professora dizia algo parecido: "Como mulher sou muito carinhosa com as crianças; contudo, como professora, sou tão severa quanto for necessário. Por isso me chamam de 'osso duro de roer'." Muitos adolescentes se consideram jovens recatados na frente dos pais ou dos professores, ainda que reconheçam se comportar como baderneiros intratáveis quando estão com sua turma.

É também curioso como as pessoas, no momento de compor a própria identidade, misturam atributos do pronome pessoal "mim" com os do possessivo "meu". Por exemplo, incluem a reputação, a família ou as propriedades como parte de seu "eu". E, se tais atributos são atacados, elas os defendem com a mesma firmeza com que defenderiam uma agressão pessoal. Lembro-me de um acontecimento que os meios de comunicação divulgaram enquanto trabalhava nessa questão, que agora pode servir como exemplo. O incidente aconteceu no verão de 2006, durante a final do Copa do Mundo de Futebol em Berlim, entre França e Itália. De repente, o famoso e carismático capitão do time francês, Zinedine Zidane, acertou uma tremenda cabeçada no peito do jogador italiano, Marco Materazzi. A surpreendente agressão, na última partida que jogava antes de se aposentar do futebol para sempre, fez que fosse expulso imediatamente do campo e deixou uma mancha indelével na imagem do desportista. Alguns dias depois, durante sua primeira aparição pública, Zidane pediu desculpas aos milhões de espectadores e telespectadores que assistiam à partida e acompanharam, atônitos, a agressão, embora tenha se cuidado bastante ao se desculpar por tal conduta: "Não me arrependo; não posso... Foram palavras muito duras, muito graves, que me tocaram profundamente", afirmou. O jogador, para justificar o ataque, explicou que Materazzi havia insultado sua mãe. O que ocorreu me faz suspeitar que o conhecido ditado popular "pode falar de tudo, menos da minha mãe" reflete a tendência universal de incorporar ao "eu" outras pessoas que são muito importantes para nós.

Tampouco devemos esquecer que a predisposição para nos abrir e falar sobre nós é influenciada por nosso estado de ânimo, de maneira que as ideias que expressamos variam conforme nos sintamos em determinado momento. Os sentimentos desempenham um papel fundamental no modo como pensamos a respeito dos fatos e os interpretamos. No cérebro, as regiões encarregadas de elaborar as emoções, como o hipotálamo, também modulam os neurônios encarregados de raciocinar. Isso faz com que exista coerência, ou relação, entre os tons positivo e negativo do que sentimos e do que pensamos.

Por todos esses motivos, é compreensível que nos desconcertemos e fiquemos em dúvida diante da tarefa de nos descrever, e que necessitemos de tempo para deliberar interiormente antes de fazê-lo.

A realidade, no entanto, é que nós, seres humanos, gozamos de uma notável aptidão para a observação, a análise e o julgamento. Todos, em algum momento, avaliamos nosso físico por uma lente crítica particular. Também podemos ter avaliado nosso temperamento, nossas atitudes e condutas, de acordo com os próprios ideais ou por meio de normas que a cultura em que vivemos estabelece. Os julgamentos de valor que fazemos podem ser de vários tipos; por exemplo, estéticos (bonito ou feio), morais (bom ou mau), emocionais (alegre ou triste), sensoriais (prazeroso ou doloroso), sociais (honrado ou desprezível), relativos à saúde (saudável ou doente). Dependendo das valorações que formulemos e de como sobrelevemos as que adotamos como definitivas a respeito do que somos, nos sentiremos mais ou menos bem conosco.

A luz da consciência torna possível a introspecção, essa habilidade especial que temos de "assomar" sobre nosso interior e nos examinar. Graças a meu trabalho na medicina e na psiquiatria, tive uma magnífica oportunidade para observar e admirar a capacidade que as pessoas têm de serem autoconscientes e de se contemplarem como entidades individuais, separadas de tudo que as rodeia. Tal habilidade lhes permite ser, simultaneamente, atores e espectadores dos próprios sentimentos, de seus pensamentos e da própria conduta, além de atuar, ao mesmo tempo, como sujeitos e avaliadores dos atributos físicos, psicológicos e sociais que formam nossa peculiar e única identidade. É verdadeiramente fascinante observar crianças e adolescentes construírem, passo a passo, o conceito de si mesmos e, uma vez adultos, comprovarem como os juízos de valor e os sentimentos, favoráveis ou desfavoráveis, que forjam para seu "eu" governam suas vidas e moldam seus destinos.

Desafios do estudo da autoestima

"Todas as generalizações são errôneas, incluindo esta."

Alexander Chase, *Perspectivas*, 1966

Desde que comecei a trabalhar neste livro, há uns três anos, logo me dei conta de que a análise de nossa autoestima apresenta pelo menos dois desafios interessantes. O primeiro tem que ver com o próprio conceito, com sua definição e o significado que lhe damos. O segundo desafio é apresentado pelo fato de que a natureza da autoestima é essencialmente subjetiva e invisível, o que dificulta seu estudo com um grau razoável de imparcialidade.

Mito e realidade

Na comunidade de psicólogos, psiquiatras e demais especialistas do ramo, ainda não há unanimidade sobre o que é exatamente a autoestima. Para alguns, trata-se de uma resposta emocional automática e global de apreço ou de rejeição para consigo mesmo. Para outros, é o resultado da soma metódica das avaliações que fazemos sobre nossa lista pessoal de atributos ou qualidades. No meu modo de entender, a autoestima compreende ambas as coisas. É o sentimento prazeroso de afeto, ou desagradável de repulsa, que acompanha a valorização global que fazemos de nós próprios. Mas essa autovalorização intelectual e afetiva baseia-se em nossa percepção, mais ou menos positiva ou negativa, das diversas partes de nossa pessoa e de nossa vida que selecionamos, porque as consideramos relevantes. Segundo as prioridades particulares, quando nos valorizamos podemos incluir uma variedade de fatores — da habilidade de nos relacionarmos com os demais até a aparência física, passando por traços de caráter, capacidade intelectual, aptidão para realizar certas atividades de que gostamos, conquistas que apreciamos, coisas materiais que possuímos ou a alegria que no geral sentimos na vida cotidiana.

Junto à complicação que supõe a pluralidade de definições do conceito de autoestima, temos, além disso, de enfrentar o mito quase universal de que a alta apreciação de si mesmo é, por definição, um atributo benéfico que sempre se manifesta em comportamentos construtivos, enquanto a baixa autoestima é causa frequente de condutas aberrantes ou antissociais.

A verdade é que desde o princípio da psicologia e da psiquiatria, há aproximadamente um século e meio, os peritos nesses campos aceitaram como dogma que a alta autoestima anda em paralelo com um alto nível de felicidade e de participação gratificante e útil na sociedade. Ao contrário, tem-se considerado a baixa autoestima, ou a autorrejeição, motivo de infelicidade e de condutas nocivas, de atitudes intolerantes e até mesmo de propensão à violência. Daí o conhecido princípio de que "para descobrir em nós o amor, a primeira coisa a fazer é amar a nós mesmos". Essa visão da autoestima também explica o motivo por que psicoterapias, livros de autoajuda e profissionais dedicados a melhorar a vida de outrem insistem tanto em que devemos aprender a nos valorizar e avaliar as próprias qualidades e virtudes. Aconselham-nos a alimentar uma imagem positiva a qualquer preço, a ser benévolos com nossas atitudes e comportamentos, e compreensivos com falhas ou defeitos. De acordo com essa crença, a "promoção por atacado" da autoestima entre a população é invariavelmente proveitosa. Aumentar a autoestima é considerado um objetivo desejável, meta recomendável para todas as pessoas.

Entretanto, hoje sabemos que as generalizações sobre o valor absoluto da alta autoestima, e as indiscutíveis vantagens de impulsionar indiscriminadamente a autovalorização das pessoas, mais que teorias científicas válidas, são o resultado da velha quimera que glorifica incondicionalmente o deleite consigo mesmo. A utilidade da autoestima como indicador seguro e confiável de saúde psicológica e social da pessoa é relativa.

Uma alta autovalorização não é sempre um dado psicológico saudável, enquanto uma baixa valorização de si próprio não é necessariamente causa de inadaptação ou de tendências antissociais. O importante, ao catalogarmos a apreciação que as pessoas fazem de si mesmas, é examinar a qualidade dos ingredientes que consideram relevantes para mediar seu valor e o emprego que fazem deles no dia a dia. Por exemplo, segundo as respectivas biografias, vários personagens diabólicos da História, como Calígula; Gengis Khan; Jack, o Estripador; ou Idi Amin Dada, não tinham problemas de baixa autoestima, pelo contrário. A questão é que um alto apreço a si próprio pode acarretar consequências destrutivas quando é baseado em egocentrismo e prepotência. Por isso, fomentar indiscriminadamente a autovalorização positiva nesse tipo de pessoa pode ser perigoso.

Quando falamos, portanto, de alta autoestima é importante distinguir a autoestima saudável ou construtiva da autoestima narcisista ou destrutiva. A primeira consiste na valorização global positiva, razoável e otimista que faz a pessoa de si mesma. Para fazer essa autovalorização, a pessoa escolhe e pesa virtudes, defeitos, capacidades, limitações e também as consequências gratificantes de seu comportamento para seu — e dos demais — bem-estar e desenvolvimento saudáveis. Pelo contrário, a alta autoestima narcisista ou destrutiva baseia-se em valorizar, exclusivamente, as capacidades e os talentos que alimentam o sentimento de superioridade ou de poder sobre o próximo, e as condutas prazerosas que resultam do exercício de tal domínio ou supremacia sobre os outros.

As sementes da tese revisionista da autoestima que apoia a distinção entre a alta autovalorização saudável e a doentia foram semeadas há aproximadamente vinte anos na Califórnia, como consequência de um insólito movimento político. Trata-se de um acontecimento certamente curioso e inesquecível, pelo menos para mim e para muitos colegas. O episódio em questão aconteceu em 1988, quando os legisladores californianos votaram por unanimidade a *lei da autoestima*. Quatro anos antes, o veterano e persuasivo senador californiano John Vasconcellos havia apresentado na legislatura daquele Estado um inédito projeto de lei destinado a criar uma "Comissão para aumentar a autoestima dos cidadãos". A premissa de tal política era que a baixa autoestima constituía a causa fundamental da falta de responsabilidade pessoal e social na população. Por isso, o objetivo da lei consistia simplesmente em impulsionar entre os cidadãos uma valorização positiva de si mesmos, o que previsivelmente implicaria a diminuição de seis graves chagas sociais da América urbana do século XX: o crime violento, os maus-tratos domésticos, o abuso do álcool e outras drogas, a gravidez de adolescentes, o fracasso escolar e a dependência crônica dos pagamentos da Previdência Social.

A singular iniciativa de Vasconcellos partiu de suas convicções pessoais. De fato, o senador com frequência expunha publicamente que sua excelente forma física e mental devia-se ao fato de que gozava de boa autoestima. Nascido nos Estados Unidos de pai português e de mãe alemã, estudou direito, mas sempre mostrou profundo interesse pela psicologia. Eleito em 1967 como representante na Assembleia da Califórnia, esse político carismático e de inesgotável energia se dedicou obsessivamente a promover a ideia de que aumentar a autoestima dos cidadãos, sobretudo entre os jovens, era uma espécie de "vacina social" que serviria para diminuir, ou até mesmo erradicar, numerosos problemas sociais. Afinal, conseguiu seu objetivo e, uma vez aprovada a nova lei, foi criada e financiada com fundos públicos uma série de programas educacionais, em especial nos colégios públicos, destinada a incrementar a autoestima da população.

Com Hollywood a dois passos, a promoção da autoestima se converteu em um fenômeno da cultura pop, glorificado como uma moda nos meios de comunicação e no mundo da psicologia, do ensino e da política. Ter autoestima elevada se transformou em uma meta dourada ansiada por todos, em uma mercadoria tão cobiçada como o elixir da eterna juventude. No entanto, apesar do entusiasmo com que se colocou em prática essa célebre e original iniciativa pró-autoestima entre a população californiana, a experiência terminou mostrando um resultado muito distinto do que se esperava a princípio. O célebre movimento não amainou nem um pouco a maré de males que procurava resolver.

Poucos anos depois, a maioria dos especialistas e analistas chegou à conclusão de que o experimento de engenharia social fora um verdadeiro desatino, pouco menos que uma fantasia de uma mente fértil, ainda que bem-intencionada. Penso que esse resultado constitui mais uma prova que confirma a advertência feita pelo carismático presidente John F. Kennedy: "O grande inimigo da verdade não é a mentira deliberada e artificiosa, mas o mito persistente e persuasivo" (discurso na Universidade de Yale, de 11 de junho de 1962).

Estudos posteriores revelaram dois motivos para o fracasso da lei da autoestima. O primeiro foi que a baixa autoestima não era necessariamente a causa principal, nem sequer secundária, dos males sociais identificados pelos legisladores, como o crime violento, o fracasso escolar ou a dependência crônica de ajuda governamental. O segundo motivo foi a superficialidade e a falta de especificidade das medidas adotadas, já que os programas que se montaram e colocaram em prática ignoravam as bases legítimas que configuram a autoestima saudável. Refiro-me a qualidades positivas concretas, como o cultivo de relações gratificantes, conseguir objetivos válidos com base em esforços conscientes ou colocar em marcha os talentos naturais. A lei californiana se traduziu em meras intervenções que consistiam, quase exclusivamente, em tentar apagar sentimentos como "não gosto de mim" ou "sou inferior", com base em mensagens simplistas e *slogans* mágicos do tipo "você é especial", "ame a si próprio" ou "sinta-se bem do jeito que é". Esse tipo de fórmulas fáceis descartou o valor da autodisciplina ou do afinco pessoal e passou por cima da competição saudável e da capacidade de aprender com os próprios erros.

A outra face da moeda foi o efeito positivo que teve nos Estados Unidos e em outros países a ampla difusão da experiência frustrada. Concretamente, despertou o interesse em muitas instituições acadêmicas, que quiseram analisar o significado da autoestima; aumentou os recursos públicos e privados para investigar essa característica da natureza humana; e motivou vários grupos de cientistas a estudar a possível relação entre autoestima, personalidade e adaptação social.

Exemplos desse novo interesse são as investigações realizadas por Roy F. Baumeister, professor de psicologia da Universidade de Case Western, em Ohio, e Nicholas Emler, outro psicólogo da Faculdade de Economia de Londres. Os resultados dos estudos demonstraram, nas provas psicológicas, que certos indivíduos com alto índice de autoestima sofrem sérios problemas de personalidade e inadaptação social. Com frequência são pessoas envaidecidas, arrogantes e prepotentes, com clara predisposição a utilizar meios sociais, econômicos ou físicos a seu alcance para dominar ou subjugar os outros. Portanto, como já comentei, não tem sentido impulsionar a autovalorização narcisista e destrutiva dos sujeitos cujos problemas de personalidade e de conduta provêm precisamente de seu exagerado egocentrismo.

Um valor secreto

O segundo desafio que o estudo da autoestima apresenta reside no fato de que a valorização que os seres humanos fazem de si mesmos é o resultado de milhões de interações neurais que ocorrem no cérebro, o superprotegido centro vital e estratégico de nosso ser que não se presta a ser examinado diretamente nem a nenhuma quantificação objetiva. De momento, pois, não podemos medi-la como fazemos com a pressão arterial, com o nível de colesterol no sangue ou com a temperatura do corpo. A quantidade e a qualidade de nossa autoestima são algo essencialmente íntimo, pessoal e subjetivo.

A intimidade da autoestima se reflete no fato de que a maioria dos homens e das mulheres, velhos ou jovens, prefere manter a consideração e o apreço por si próprios, ou a rejeição, de maneira privada, quando não em segredo. O quanto se valorizam é um tema do qual não costumam falar, sobretudo se a valorização for razoavelmente positiva e se gostarem de si. As pessoas com autoestima saudável, que são a maioria, tendem a passar despercebidas.

A autoestima é algo pessoal no sentido de que cada um constrói o conceito de seu "eu" com distintos ingredientes. Lembro-me de que meses atrás jantava na casa de uns bons amigos quando surgiu na conversa o tema da autoestima. Aproveitei a ocasião para perguntar à simpática e falante Anya, filha do casal, de doze anos, que nos acompanhava: "Vamos ver, Anya: de zero a dez, qual a nota que você dá a si mesma?" A pequena se concentrou uns segundos e me respondeu sem vacilar: "Nove." "E por que um número tão alto?", insisti. Ao que ela me respondeu com um sorriso expressivo e os olhos bem abertos: "Olha, Luis, tenho pais que gostam de mim, frequento um colégio maravilhoso, sou bem esperta e quando estudo tiro boas notas." Depois de uma pausa, acrescentou: "Ah! E estou viva." A verdade é que me fascinou a facilidade com que Anya identificou os ingredientes de sua fórmula de autoestima. Dias depois, fiz uma pergunta similar a Jennifer, uma menina da mesma idade, filha de outros amigos: "Para você e suas amigas de colégio, quais são as coisas mais importantes que as fazem se sentir bem?" Sua resposta foi imediata: "Ser bonita e ter êxito entre as meninas e os meninos."

Por ser um fenômeno tão íntimo e pessoal, o estudo da autoestima quase sempre está impregnado de subjetividade. A verdade é que todos julgamos e explicamos nosso mundo e o mundo dos outros à nossa maneira, ou, como assegura o velho ditado, "cada qual conta o que aconteceu segundo o que lhe passa". Experiências passadas, valores e expectativas moldam nossas opiniões, especialmente sobre ideias abstratas ou temas tão emocionalmente íntimos e importantes para nós como a própria valorização do que somos.

No campo das ciências, o fator subjetividade é aceito, sobretudo desde que o físico alemão Albert Einstein formulou a teoria especial da relatividade, há pouco mais de um século. Essa teoria transformou conceitos que se consideravam absolutos, como os do tempo e do espaço, em fenômenos relativos, que dependiam do lugar concreto onde se situasse o observador. Acredito que o grande presente que Einstein nos deu foi mostrar que o ponto de vista do observador molda inevitavelmente sua percepção das coisas. Essa revolucionária revelação científica se plasma na atualidade no campo da física quântica, no qual se chegou a comprovar que os movimentos das mais ínfimas partículas que compõem os átomos da matéria são suscetíveis de alteração pela sutil e subjetiva disposição psíquica do próprio observador ou investigador.

Minha perspectiva da autoestima está seguramente influenciada por meu trabalho no mundo da medicina e da psiquiatria, e pelas mensagens que emanam da sociedade metropolitana nova-iorquina. Certamente, diria que viver em uma cultura individualista como a de Nova York me deu a oportunidade de ser testemunha do protagonismo que exerce o apreço de si mesmo no momento de abstrair da vida o melhor que ela oferece. Ao mesmo tempo, pude observar de perto os efeitos perniciosos do narcisismo e as consequências devastadoras da autoestima ferida pelos avatares da vida nesse tipo de sociedade, cada dia mais frequente e universal, em que, para o bem e para o mal, a importância do "eu" supera em muito a do "nós".

Em um nível mais pessoal, tenho de confessar que desde menino tenho a curiosidade de entender como as pessoas constroem o conceito de si mesmas. O que originalmente alimentou em mim esse interesse foram as escaramuças e as pequenas batalhas que minha autoestima e eu tivemos durante os primeiros dezessete anos de minha vida.

Sem dúvida, os cristais de meu observatório estão tingidos por essas vicissitudes precoces. Por esse motivo, creio que para tornar mais transparente meu discurso pode ser oportuno compartilhar brevemente com vocês, amáveis leitores, algumas notas pessoais antes de entrar na matéria.

Problemas de infância

"Há crianças que atravessam a infância sem sobressaltos e pousam suavemente no mundo adulto com sensatez e harmonia. Muitos se desorientam e tropeçam durante um tempo, mas, de repente, florescem. Outros tremem, oscilam, lutam, se endireitam, mudam de rumo e, finalmente, encontram seu autêntico equilíbrio pessoal."

Stella Chess, *Da infância à independência*, 1978

Durante a infância e parte da adolescência minha adaptação ao mundo onde me coube viver foi bastante turbulenta. A hiperatividade, a curiosidade insaciável, a intolerância ao tédio, a atração por aventuras de intensidade elevada e o fato de que podia resistir a qualquer coisa, menos a uma tentação, me conduziam com regularidade a travessuras e a situações arriscadas que preocupavam meus pais e professores, e colocavam à prova a paciência deles. Lembro-me de que, por exemplo, com oito anos, gostava de participar de corridas de bicicleta sem freio e nadar no mar bem mais distante do que permitiam minhas forças e possibilidades de voltar à praia. Embora fosse um rapaz sociável e alegre, qualidades que facilitavam as relações de amizade, com frequência meus arrebatamentos indignavam até os melhores amigos.

Entre nove e onze anos, depois de ter cometido alguma maldade, me surgia internamente a pergunta: "Quem diabos sou eu?" Então desfilavam por minha cabeça os qualificativos que os adultos mais queridos costumavam utilizar para me descrever: "é um menino muito travesso", "um diabinho", "não para quieto", "é muito ruim", "sempre aprontando", "sempre nervoso".

Para apoiar essa resenha pessoal costumava repassar em meu teatro mental algumas cenas de dramas passados: minha mãe chorando angustiada e gritando comigo do terraço da casa de Sevilha, porque os vizinhos, assustados, a tinham alertado de que eu andava saltando alegremente pelos telhados dos arredores. Frequentemente lembrava da figura de meu pai, enfurecido ao descobrir que eu tinha arrancado, do caro dicionário de línguas, todas as páginas que continham fotos coloridas — bandeiras, mapas, animais, paisagens — para colecioná-las e montar um álbum pessoal. Não me esqueço, tampouco, os semblantes descompostos das exasperadas freiras do colégio da Doutrina Cristã tentando, de todo jeito, manter-me quieto e calado na carteira da sala de aula. Entre parênteses, direi que essa primeira crise escolar teve um final feliz para mim — reconheço que não foi assim para meus pais —, pois as irmãs, fartas de tentar inutilmente moderar minha falta de atenção e meu nervosismo, decidiram livrar-se de mim em uma Quarta-Feira de Cinzas do mês de fevereiro, quando me mandaram de vez para casa com uma mentira piedosa. A breve nota dizia textualmente: "Por causa da avançada idade do menino, ele não pode continuar nesse colégio". Suspeito que a ideia de utilizar a misericordiosa desculpa surgiu em um momento de improviso, uma vez que meu aniversário só ia ser celebrado no final de agosto.

Em meu pequeno mundo de então, a impotência para regular meu buliçoso temperamento se traduzia em reiterados e fracassados propósitos de emenda. Algumas vezes, exteriorizava minha frustração com surtos de mau gênio; em outras, somatizava meu descontentamento e o transformava inconscientemente em transtornos digestivos. Depois de cada travessura, me invadiam a culpa e o remorso. Sem ser um menino devoto, com onze anos cheguei a sair de penitente em até três confrarias durante a Semana Santa sevilhana. Confesso que os efeitos terapêuticos desses atos expiatórios duravam poucos dias.

Por sorte, na travessia dos campos minados que se interpunham em meu caminho, quase sempre aparecia um anjo de carne e osso que me guiava, ao mesmo tempo que me transmitia vibrações de compreensão e de apoio. Por exemplo, minha mãe; minha irmã Piluca; Manuel, o porteiro; meu tio José María; ou meus amigos Diego, Jesús, Manolo e Miguel. Graças a esses anjos com nome, e a outros anônimos, não passava muito tempo sem que se iluminasse em minha mente o pressentimento reconfortante de que um dia o bom futuro enterraria o mau presente.

Sem dúvida, minha mãe foi o anjo mais importante. Era o tipo de mãe que todo menino travesso ansiaria em ter quando pequeno. Adorava crianças — "os meninos alegram minha vida", costumava dizer —, era compreensiva, flexível e permissiva; por vezes minhas diabruras a faziam rir. Como gostava de explicar, minha hiperatividade, à qual havia batizado com um nome inventado por ela, *furbuchi*, continha uma boa dose de criatividade, de modo que a questão era saber canalizá-la. Assim, aos oito anos detectou que eu tinha bom ouvido para música e me persuadiu a aprender a tocar piano, violão e, finalmente, o instrumento musical mais idôneo para um menino hiperativo: a bateria. "Olha, Luis, a música amansa as feras", repetia com um sorriso carinhoso de cumplicidade. Aquelas longas horas batendo nas teclas, nas cordas e nos tambores me ajudaram a canalizar construtivamente uma parte do excesso de energia que transbordava em mim. Além disso, durante os anos posteriores da adolescência, interpretar em público as canções do momento em um conjunto musical que tinha formado com alguns amigos constituiu maneira eficaz de reconstituir minha autoestima.

Essas experiências me convenceram de duas coisas. Primeira, que a noção que as crianças têm de si mesmas é simplesmente reflexo das opiniões que os demais formam e difundem delas. A segunda, que para apreciar a si mesmo é essencial contar durante os altos e baixos da infância com o carinho e o suave apoio de algum adulto. E quanto mais espinhosas são as circunstâncias da infância, mais indispensáveis são esses vínculos afetivos.

Apesar de ser razoavelmente intuitivo e inteligente, meu perpétuo estado de "movimento" e agitação interior me roubava grande parte da concentração necessária para assimilar as matérias escolares. Os percalços colegiais culminaram, aos catorze anos, com o ingresso no ensino médio, curso no qual fui reprovado em cinco das oito matérias que o compunham. A mistura de descalabro escolar e alto grau de atenção e seguimento que eu exigia de meus atarefados professores precipitou minha "diplomática" saída do Colégio Portacelli, de Sevilha, em um nefasto dia de setembro de 1957. "Acreditamos que o melhor para o menino talvez seja aprender um ofício", comunicaram os jesuítas de forma sucinta, embora afável, a meus consternados pais, na minha presença. De volta a casa, totalmente derrotado, tive de encarar um ambiente familiar eivado de desgosto e de reprimendas.

Passei um ano dando voltas em vários institutos e academias. Meus pais, considerando o futuro, começaram a pensar que talvez o melhor para mim pudesse ser aprender algum idioma ou ofício que não exigisse o ensino médio. Como última chance, decidiram matricular-me em um instituto conhecido em Sevilha por aceitar rapazes "desacreditados" de outros centros de ensino. Esse novo desafio, no entanto, abriu inesperadamente um capítulo cheio de esperanças em minha vida. O Santo Ángel — assim se chamava o colégio — era mais que apropriado para minha conjuntura, pois alguém muito especial me esperava lá: dona Lolina, nada mais nada menos que a temida diretora do colégio.

Beirando os cinquenta anos, corpulenta, com cabelo curto e despenteado, lábios grossos pintados de um vermelho forte e olhar expressivo e penetrante, dona Lolina era, sob a aparência física, uma mulher séria, forte, perceptiva e, sobretudo, experiente na vida e no milagre em que adolescentes problemáticos poderiam se tornar. Seu timbre de voz era tal que um breve grito no pátio era suficiente para infundir respeito, terror ou segurança — dependendo de seu objetivo — em cada um dos duzentos e tantos alunos e professores que ocupavam o edifício de quatro andares. O caso é que, desde os primeiros dias de aula, dona Lolina mostrou um genuíno interesse pessoal em mim. A primeira ordem que deu foi que na aula me sentasse na primeira fila — até então o lugar, preferido por mim e pelos professores, sempre tinha sido a última —, e, quando intuía que estava tendo dificuldade com alguma matéria, me aconselhava a falar com o instrutor e discutir amigavelmente a solução. Estou convencido de que ela antes, sem me dizer, sempre preparava o terreno. Dona Lolina, segundo me explicou vagamente muitos anos mais tarde, mediante minha insistência em entender esses transcendentais momentos de minha vida, tinha detectado "alguma coisa", algo recuperável em mim, que não soube definir.

Com a confiança e a motivação estimuladas pelo novo e receptivo ambiente escolar — e provavelmente pelos efeitos favoráveis da maturação do cérebro, que ocorre normalmente na primeira metade da adolescência —, aos quinze anos comecei a praticar o que em psicologia se conhece como "funções executivas". Por exemplo, aplicar o freio à impulsividade, controlar o máximo possível meu comportamento e fixar-me em alguns objetivos.

Lembro que, nessa época, descobri os benefícios de conversar comigo mesmo. Esses diálogos e debates íntimos se sucediam e ajudavam a analisar e a explicar os acontecimentos que me afetavam. Também serviram para montar estratégias que me facilitaram o aprendizado. Por exemplo, percebi a utilidade de dividir a matéria em partes, de fazer esquemas e resumos, e até de estudar em lugares sem moscas que me distraíssem, sem música de fundo ou vistas gratificantes, mas inoportunas. Ao mesmo tempo, aceitei que, na hora de estudar certas matérias, tinha de me ajustar a meu próprio ritmo de aprendizagem. Eu necessitava de uma hora e pouco para reter uma fórmula química ou uma lição de história que meus colegas absorviam em meia hora. Aprendi que, quando há obstáculos no caminho, a distância mais curta entre dois pontos pode ser a linha curva.

Paulatinamente, notei que o termômetro para medir minha autoestima era mais sensível a "sentir-me eficaz" que a "sentir-me bem". Por exemplo, me avaliava mais beneficamente quando via que meus esforços tinham um impacto positivo nos relacionamentos com quem amava, ou me levavam a alcançar alguma meta na qual tinha me fixado, ainda que fosse modesta.

Do mesmo modo intuí que, para conseguir tornar realidade o conceito privado de mim mesmo que eu desejava, primeiro teria de persuadir os espectadores que me rodeavam. Por sorte, o novo cenário escolar e social no qual me movia ofereceu a oportunidade para representar a imagem pública do "eu" ideal a que aspirava: um rapaz mais sereno, prudente e responsável. A resposta de alívio de meus pais e demais adultos e amigos que estavam preocupados com meu futuro se tornou evidente em pouco tempo. Apesar de surpresos com a transformação — para alguns, milagrosa —, a explicação deles foi bem simples: "Finalmente Luis tomou juízo e se deu conta das grandes vantagens que traz cumprir com as regras e as obrigações estabelecidas". Pouco a pouco, essa mudança positiva foi se incorporando às opiniões que os outros tinham de mim, conceitos que, por sua vez, se refletiam no espelho da minha identidade.

Posso dizer que, aos dezessete anos, saí do atoleiro da minha infância e comecei a reconduzir gradativamente a vida por um caminho mais seguro e esclarecido. Com a passagem do tempo, quase sem me dar conta, aqueles torvelinhos foram perdendo intensidade emocional, até converter-se em vestígios imprecisos e indolores. Um presente que a memória me deu.

Na primavera de 1972, já tinha voltado todo o meu entusiasmo para a antiga vontade de me especializar em psiquiatria no Hospital Bellevue de Nova York, cidade para a qual tinha imigrado quatro anos antes. Como médico-residente, fazia o curso ministrado por Stella Chess, professora de Psiquiatria Infantil da Universidade de Nova York. O tema do dia, de fato seu favorito, era "O transtorno por hiperatividade da infância". O entusiasmo que a doutora Chess manifestava ao apresentá-lo era compreensível, pois a Associação Americana de Psiquiatria acabava de reconhecer oficialmente esse diagnóstico, apoiando-se, em grande medida, nos resultados de seus reconhecidos estudos sobre o temperamento infantil. Concretamente, em 1956, essa professora e sua equipe começaram a seguir metodicamente o desenvolvimento de longo prazo do temperamento em um amplo grupo de recém-nascidos. Os investigadores levavam a cabo avaliações periódicas dos pequenos, de seus pais e responsáveis, e dos ambientes familiar e escolar.

Para Chess e uns poucos especialistas de sua época, o excesso de atividade, a fácil distração e a impulsividade nas crianças eram problemas biológicos infantis que respondiam a uma alteração do funcionamento das regiões cerebrais encarregadas de regular a energia física dos pequenos, e afetavam aproximadamente 4% da população entre sete e dezoito anos. Um dado esperançoso, segundo essa especialista, era que a maioria desses meninos e meninas, que suportavam durante anos o frustrante desequilíbrio entre seu desejo de se encaixar na normalidade e o descontrole que lhes dominava, com o tempo amadurecia e superava, ou minimizava, as dificuldades.

Aquela aula reveladora de Stella Chess despertou em mim a ideia de que talvez meu caráter inquieto quando criança se devesse a esse transtorno médico. Confesso que a possibilidade de que dificuldades infantis como as minhas tivessem um nome e fossem alheias à maldade das crianças e à inaptidão de meus pais me pareceu realmente consoladora.

Seja como for, hoje estou convencido de que a essência das experiências pessoais que contei é a mesma que um antigo provérbio chinês aponta ao advertir que "no coração de todas as crises se esconde uma grande oportunidade", e que os que a encontram gozam de abundantes benefícios. Realmente, essa é a lição que aprendem os incontáveis homens e mulheres que tiveram a sorte de descobrir, nas adversidades da infância e da adolescência, a oportunidade de conhecer melhor a si mesmos. Assim, pudemos apreciar o que outros fazem por nós, aceitamos ser perdoados, aprendemos a perdoar, a lutar, a mudar e a conseguir um dia dirigir razoavelmente o rumo de nossa vida.

Mas isso não é tudo, pois outro ensinamento, não menos importante, foi que, para poder encontrar a oportunidade na crise, uma condição necessária é contar, em algum momento, com o afeto e o apoio incondicionais de outras pessoas. Por isso, antes de prosseguir, permitam-me uma pausa para, como diz Frank Sinatra na canção com que abro este livro, brindar aos "mestres e mestras" que nos salvaram das tormentas.

Mãos à obra

"O Coelho Branco tirou os óculos e perguntou: — Por onde Sua Majestade quer que eu comece? — Comece pelo começo — disse o Rei, com toda a gravidade —, continue com a continuação, e finalize no final. E, depois, pare."

Lewis Carroll, *Alice no País das Maravilhas*, 1865

Nos capítulos que seguem, começo a descrever duas condições necessárias para que os seres humanos possam se valorizar. A primeira é ser consciente de si próprios. Essa visão interior é indispensável para poder se sentir e se observar como indivíduo em relação ao restante das pessoas, dos animais e das coisas que nos rodeiam. A segunda é a capacidade de introspecção, que, unida à memória e à linguagem, nos permite identificar, entender e explicar emoções, pensamentos, atos e respectivas consequências. Neste capítulo também menciono os transtornos que sofrem as pessoas quando a consciência ou a habilidade para se examinar internamente fica perturbada.

Prosseguindo, enfoco a construção da ideia ou da representação mental de quem somos. Concretamente, explico a influência ou o poder modelador que exercem na criação de nosso "eu" o equipamento genético que trazemos ao mundo, os vínculos afetivos da infância, as opiniões dos demais, os valores sociais e as normas culturais. Examino o papel que a apresentação que fazemos de nós mesmos em público tem na formação de nossa identidade interna e descrevo as funções "executivas" que configuram o sentido da própria competência. Essas atividades tornam possível que administremos, projetemos e controlemos os desejos e o comportamento com o objetivo de alcançar as metas a que nos propusemos.

Em seguida, concentro-me na valorização global que fazemos de nós mesmos e nos diversos ingredientes que selecionamos quando nos autovalorizamos. Do mesmo modo, examino os mecanismos que utilizamos para nos proteger das ameaças à autoestima e analiso as diferenças em diversos grupos de população. Depois, enfoco o lado obscuro da autoestima. Por um lado, exploro a relação entre a alta autoestima narcisista e a violência; por outro, me concentro nas raízes do ódio a si mesmo, como as situações de assédio e os sentimentos de indefensabilidade persistentes, o estado de vítima perpétuo, a perseguição de ideais físicos ou psicológicos inalcançáveis e os estados depressivos. Por último, abordo o papel que a autoestima tem nos relacionamentos, nas ocupações cotidianas e no nível de satisfação com a vida em geral.

Reconheço que, no momento de indagar sobre a autoestima, além de ter de se levar em conta o fato de que tal tema é envolto em mitologia e subjetividade, a realidade, hoje, é que quase todas as investigações e opiniões de especialistas e amadores baseiam-se nas observações e crenças de populações ocidentais de raízes culturais judaico-cristãs, de estrato econômico médio e de raça branca. Esse fato me faz recordar um e-mail — desses com vários destinatários — que li há algum tempo, de um professor da Universidade de Stanford, na Califórnia, no qual ele projetava as porcentagens da população dos cinco continentes do planeta em uma cidade imaginária de cem habitantes. Concretamente, essa cidade hipotética estaria composta de sessenta asiáticos, catorze americanos, doze africanos, onze europeus e três australianos. De todos eles, apenas 32 seguiriam as religiões judaico-cristãs, vinte seriam de raça branca, oito pertenceriam a um estrato socioeconômico médio ou mais alto, quatro possuiriam um computador e dois teriam estudo universitário. Portanto, partindo do marco da população mundial, somente se você não for cristão, nem branco, se não cursou universidade, nem tem computador, ah!, e se for pobre e morar na Ásia, só então você pode começar a pensar e a falar pela maioria.

Antes de me concentrar totalmente no tema, queridos leitores, quero deixar claro que esta obra não oferece remédios todo-poderosos para fortificar autoestimas debilitadas nem receitas universais para curar as que se encontram enfermas. O motivo é que, desafortunadamente, desconheço tais remédios ou receitas. Minha proposta é compartilhar com vocês o que aprendi até o momento sobre como os seres humanos constroem, valorizam, protegem e aplicam na vida cotidiana o conceito de si mesmos. E meu desejo é estimulá-los à curiosidade e à reflexão a respeito dessa assombrosa faculdade, exclusiva de nossa espécie.

Ainda gostaria de incitá-los a aproveitar a leitura a fim de que considerem com curiosidade como elaboraram a ideia de si mesmos e como essa representação mental que criaram afeta o dia a dia de cada um. Por isso, eu os aconselho a ler o livro com o espírito aberto, e sem perder o contato com as experiências significativas passadas e presentes de sua vida.

Não podemos nos esquecer que, como tão acertadamente nos advertiu Lewis Carroll há um século e meio, na citação de *Alice no País das Maravilhas*, "todos os argumentos têm sua moral; a questão é encontrá-la".

2
A luz da consciência

"Que algo tão extraordinário como o fato de sermos conscientes de nós mesmos seja produzido pela simples estimulação de uns neurônios no cérebro é tão inexplicável como a aparição do gênio cada vez que Aladim esfregava sua lâmpada."

Thomas Huxley, *O lugar do homem da natureza*, 1863

Clareza interior

"Eva pegou o fruto da árvore proibida e comeu. Em seguida, o ofereceu a Adão, e ele também o comeu. Imediatamente, os olhos de ambos se abriram e se deram conta de que estavam nus. Costuraram apressadamente umas folhas de figueira em forma de cinto e se cobriram."

Gênesis, 3 (440 a.C.)

Verdadeiramente, ninguém, ou quase ninguém, pensa no admirável fulgor mental que nos torna visíveis a nossos próprios olhos.

No marco dos milhões de anos com que conta nossa espécie, a capacidade de ser consciente de si mesmo é relativamente nova. Apesar de só podermos especular sobre como eram nossos antepassados remotos, porque não deixaram rastro escrito, a maioria dos especialistas está de acordo a respeito de que, graças ao lento, mas evidente, desenvolvimento evolutivo do cérebro humano — em número de neurônios e de conexões, ou de sinapses entre eles —, há somente cinquenta mil anos se acendeu a lâmpada da consciência no cérebro humano. Essa clareza interior permitiu a nossos parentes distantes ver a si próprios como entes diferenciados das demais criaturas.

Imagino que o primeiro símbolo ou conceito que nossos ancestrais criaram ao perceberem-se como indivíduos foi o "eu", ou "mim". Em seguida, inventariam o resto dos pronomes pessoais, para representar os demais, e os pronomes possessivos, sobretudo o "meu" e o "nosso", para denotar o que pertencia a eles, e não a outros.

A luz da consciência lhes permitiu, ademais, adotar uma perspectiva do tempo nos três contextos — o passado, o presente e o futuro — e lhes proporcionou o sentido do espaço, ou da posição que ocupavam em relação às coisas que lhes rodeavam e ao horizonte. Mais impressionante ainda, o primeiro reflexo imaginável de consciência humana tornou possível aos homens e às mulheres que povoavam o planeta poder se observar e analisar os próprios pensamentos, emoções e condutas.

Os arqueólogos suspeitam que foi nessa época que apareceram pela primeira vez os adornos pessoais, como pulseiras e colares. Isso sugere que nossos antepassados do Paleolítico podiam se questionar sobre como eram percebidos pelos demais e começaram a desenvolver o sentido de diferenciação entre semelhantes por motivos de casta ou de poder. Dessa mesma era são também os primeiros enterros em que se sepultavam os defuntos com bens e provisões, o que parece indicar a preocupação com a morte e com a outra vida.

Para Antonio R. Damasio, professor de neurologia da Universidade norte-americana de Iowa, a consciência é "o sentimento totalmente individual e reservado em primeira pessoa, um sentimento fundamental nesse fluxo de sensações íntimas que configuram nossa mente". Esse reconhecido cientista português descreve a aparição da consciência como se, de repente, os seres humanos tivessem percebido que em seu cérebro estava rodando um filme do qual eram, ao mesmo tempo, roteiristas, atores e espectadores.

É possível que alguns mamíferos superiores cujas fêmeas possuam placenta — o que permite que o desenvolvimento intrauterino do embrião seja prolongado — gozem de uma capacidade rudimentar para se perceber como entidades separadas de outras criaturas e de seu entorno, e, até mesmo, para ser minimamente conscientes de si mesmos. À primeira vista, parece que os chimpanzés, os orangotangos e os gorilas — nossos parentes mais próximos, que na longa viagem evolutiva deixamos para trás há seis ou sete milhões de anos — são capazes de se observar e se questionar a respeito de algumas de suas percepções. Por exemplo, se se olham em um espelho, reconhecem que a figura que observam é a deles, e não a de outro animal.

Em um curioso experimento, o especialista em primatas Gordon Gallup, com a ajuda de outros investigadores, pintou de cor branca as orelhas de um grupo de macacos enquanto dormiam. Uma vez acordados, colocaram-nos na frente de um espelho. A maioria dos macacos reagiu com surpresa e imediatamente tentou limpar as orelhas pintadas. De fato, muitos símios usam o espelho para explorar partes de seu corpo que não conseguem ver diretamente, para limpar os dentes ou se arrumar, como fazem os humanos. No entanto, o talento dos macacos para criar símbolos e comunicar suas experiências é tão ínfimo que, até o momento, ninguém pôde demonstrar com certeza científica que tenham faculdades para praticar a introspecção.

A aptidão para a autoconsciência ou a percepção da própria individualidade parecem ser atributos exclusivos e essenciais da espécie humana.

A aparição da luz da consciência e a criação de símbolos com os quais desenhar e comunicar os diversos aspectos do ser aumentaram extraordinariamente o papel da memória em nossa espécie. A maioria dos membros do reino animal necessita da memória para sobreviver. Em nosso caso, a memória significa muito mais. Trata-se de uma potência da alma que depende de uma massa de neurônios, esparramados pelo cérebro, na qual registramos não só fatos concretos, mas as interpretações pessoais dos fatos, dos sentimentos e das emoções que os acompanham. Por isso, as recordações têm o poder de nos fazer chorar, rir e tremer. As reminiscências de ontem definem grande parte de nossa personalidade e determinam nossa visão do presente e do amanhã. A memória é seletiva. O esquecimento, por exemplo, cura muitas feridas da vida e nos ajuda a distorcer inconscientemente as lembranças para que confirmem as explicações da realidade que mais nos convêm.

A consciência, a linguagem e a memória nos permitem manter um diálogo interior sobre tudo que acontece. Um exemplo simples e cotidiano serve para ilustrar essa capacidade maravilhosa. É sábado à tarde e estou pregando um gancho para pendurar um quadro em casa. De repente, dou uma martelada em um dedo sem querer, sinto dor, fico bravo por ser tão desajeitado e digo algo assim para mim mesmo: "Caramba! Luis, aqui está você, dolorido e bravo consigo mesmo por sua má pontaria." Em seguida, explico: "É que hoje estou cansado e esse martelo é muito pesado." Acesso a informação que armazenei na memória e acrescento: "Mas já é a segunda vez que me acontece em uma semana. Não estarei perdendo concentração e reflexos?" Então tomo uma decisão: "Agora o que tenho a fazer é colocar gelo no dedo e deixar o quadro para amanhã; senão, acho que chegarei tarde ao cinema."

Em condições normais, o nível de consciência varia segundo as circunstâncias. Por exemplo, quando despertamos pela manhã, a luz da consciência se acende, mas não ilumina a totalidade de nosso ser. Normalmente, notamos as sensações físicas de calor ou frio, de energia ou de cansaço, de tranquilidade ou de inquietude. Realizamos, automaticamente, tarefas rotineiras como tomar banho, ir para o trabalho, comer ou fazer exercícios físicos, sem parar para pensar e sem ter uma consciência plena do que estamos fazendo.

No geral, não somos conscientes do funcionamento do corpo. De fato, somos muito mais sensíveis às avarias dos órgãos internos do que às atividades normais deles. Mas habitualmente utilizamos a luz da consciência quando tomamos decisões importantes, analisamos relacionamentos afetivos, cuidamos de nossa imagem pública, programamos o futuro, tentamos entender desejos ou comportamentos, examinamos nossa biografia ou refletimos sobre o significado da vida e de nosso papel no mundo.

Da perspectiva da psiconeurologia e da medicina, a capacidade de ser autoconsciente tem aspectos interessantes que gostaria de ressaltar. Por exemplo, para ter consciência de si mesmo e do entorno é preciso estar acordado. Quando sonhamos, podemos nos representar em situações mais ou menos possíveis, mas não percebemos nosso estado físico real nem o meio que nos rodeia. Igualmente, as pessoas sonâmbulas podem realizar, enquanto dormem, atos relativamente complexos, como vestir-se, comer, conversar ou até mesmo sair de casa e dar um breve passeio, embora não estejam conscientes do que estão fazendo. Por isso, ao despertar não se lembram de nada do que fizeram. Outros transes patológicos temporários, nos quais a pessoa parece estar desperta mas cujos comportamentos não são voluntários, são causados por transtornos epilépticos que afetam a atividade elétrica do lóbulo frontal do cérebro.

Embora ainda não se conheçam todos os mecanismos neurológicos que regulam nosso nível de lucidez, graças a investigações do italiano Giuseppe Moruzzi e do norte-americano Horace Magoun na década de 1940, sabe-se que o que nos mantém despertos durante grande parte da vida é a atividade estimulante de uma rede difusa de tecido nervoso esparramada pelo cérebro, que esses cientistas denominaram *sistema reticular*. As lesões cerebrais que ferem gravemente o sistema reticular produzem o coma, um estado de inconsciência ou de torpor profundo que, no entanto, não altera necessariamente funções vitais, como a circulatória e a respiratória. Há pessoas em coma por comoção cerebral, ou por intoxicação de drogas ou álcool, que despertam e se recuperam.

Contudo, uma coisa é estar desperto e outra distinta é ser consciente de si mesmo. Para ser consciente não bastam os estímulos do sistema reticular, mas é necessário, além disso, o bom funcionamento de outras áreas do cérebro, como o córtex e o tálamo, e as múltiplas conexões que existem entre elas.

Vidas sem consciência

Há casos de pessoas que sofrem danos cerebrais irreversíveis, que jazem na cama com os olhos abertos quando estão acordadas e fechados quando dormem; respiram por sua conta, movem sem nenhum propósito os músculos do rosto ou os membros. Incontinentes, mantêm uma vida puramente física, desprovida de pensamentos e emoções. Conhecido na medicina como *estado vegetal persistente*, esse terrível quadro patológico pode ser enormemente desconcertante para os familiares, pois o enfermo com frequência mostra expressões faciais que, embora sejam gestos involuntários e não tenham valor comunicativo, enganam e alimentam inutilmente a esperança da família, que quer imputar-lhes algum significado. Invariavelmente, as circunstâncias desses pacientes dão lugar a profundas discussões éticas, legais ou religiosas e, às vezes, provocam amargas polêmicas sobre o significado da vida e da morte, e a opção de manter ou não a tecnologia médica que permite prolongar artificialmente o funcionamento dos órgãos vitais desses doentes.

Uma ilustração das intensas controvérsias que se podem produzir como consequência dos estados de inconsciência é o caso de Terri Schiavo. Em fevereiro de 1990, essa jovem de 26 anos, residente na Flórida, sofreu um infarto cerebral massivo quando seu coração ficou mais de cinco minutos sem bater. Terri passou vários anos hospitalizada em centros de reabilitação, mas seu cérebro nunca se recuperou. Em 1998, Michael, seu marido, pediu a um juiz que autorizasse os médicos a desligar o tubo gástrico de alimentação, alegando que ela tinha dito, antes de ser hospitalizada, que não queria ser mantida viva artificialmente sob tais condições. Os pais, no entanto, se opuseram. Em 2003, os médicos tiraram de Terri a sonda gástrica depois que um magistrado decidiu que a jovem se encontrava em estado vegetal persistente. No entanto, seis dias mais tarde, voltaram a colocá-la quando os legisladores do Estado da Flórida votaram a "lei de Terri", que dava ao governador, Jeb Bush — irmão do presidente George W. Bush —, a decisão final. A lei foi mais tarde anulada por tribunais superiores e, em 2005, os médicos voltaram a tirar a sonda alimentadora.

A comoção invadiu o país inteiro quando o Congresso norte-americano se reuniu em sessão especial de emergência e com a assinatura do presidente decretou que o Supremo Tribunal revisasse o caso. Os juízes do Supremo se negaram a intervir e Terri faleceu duas semanas mais tarde, aos 41 anos, quinze depois de sofrer o acidente cerebrovascular que a colocara no coma fatal. A autópsia revelou que seu cérebro havia se atrofiado a menos da metade do tamanho normal.

À medida que se alonga a vida, aumentam os transtornos da consciência associados com o envelhecimento dos neurônios. Talvez o exemplo mais claro e temido na atualidade seja o mal de Alzheimer. Essa incurável e nefasta enfermidade, descrita em 1906 pelo psiquiatra alemão Alois Alzheimer, consiste na degeneração e na atrofia progressivas e irreversíveis do cérebro.

É bastante difícil imaginar uma vida sem consciência de si mesmo. Uma vida sem lembranças, sem sentido de tempo nem de espaço, na qual os símbolos não tenham significado. Uma vida sem autobiografia, na qual as pessoas mais queridas nos pareçam seres estranhos. Hoje em dia, esse é infelizmente o destino das vítimas do cruel Alzheimer. Todos terminam em um estado vegetal, despojados das faculdades da alma que os definiam como seres humanos.

O sofrimento e a ruína decorrentes dessa doença incurável explicam por que tantos enfermos, ao se inteirar do terrível prognóstico, despeçam-se desse mundo para sempre, como fazem os moribundos no leito de morte. E então, dado que essa aflição cerebral não ataca o músculo cardíaco nem outros órgãos vitais, os afetados permanecem vivos uma média de nove anos. Penso que a dilatada e indigna agonia de que padecem tantas vítimas de demência, e o calvário que causam, sem se dar conta, aos seres queridos, obrigam a sociedade a estabelecer mecanismos que outorguem, às pessoas que peçam, o direito de declarar sua vontade antecipada de diminuir essa insuportável existência sem consciência. Porque, realmente, uma vida sem consciência de si próprio não é vida.

Cada dia vivemos mais, e, graças aos avanços da medicina, as demências relacionadas com a idade dos neurônios se diagnosticam com maior frequência. Contudo, a porcentagem de pessoas entre 85 e cem anos que padecem de tais doenças não alcança os 40%. Por outro lado, os espetaculares avanços em engenharia genética e no uso terapêutico de células-tronco, os avanços em imunologia e a descoberta em laboratório da capacidade regenerativa de alguns dos neurônios encarregados de alimentar a luz da consciência dão esperança à possibilidade de encontrar, em um futuro não muito distante, um modo de prevenir ou curar esses males tão devastadores.

Como vimos, acender a lâmpada que nos permite observar e ser conscientes de nós mesmos é um dom maravilhoso. É também o primeiro requisito na construção de nosso "eu". O passo seguinte é a introspecção, a capacidade de nos examinar internamente e analisar ideias, emoções e atos.

Introspecção

"Para poder estudar a nós mesmos, temos primeiro de sair de nós mesmos."

Morris Rosenberg, *Conceber o eu*, 1979

Se a luz da consciência é um instrumento prodigioso, poder pensar sobre como pensamos e poder sentir a respeito de como nos sentimos não é menos assombroso. René Descartes, buscando a prova lógica de sua existência, exclamou: "Penso, logo existo!" No entanto, esse influente filósofo francês do século XVII não pareceu captar o fato extraordinário de que podia "sair de si mesmo" e se observar como um ser que sente e que pensa.

Boa parte de nossa introspecção é realizada em conversações particulares e interiores. Quase sem perceber, falamos e ouvimos como pensamos. Por exemplo, ao levantarmos pela manhã, dizemos: "Hoje você levantou com o pé esquerdo"; ou, antes de sair de casa, nos perguntamos: "Ponho o casaco?", e respondemos: "Não; de tarde fará calor!"

Em geral, a maioria das pessoas recorre à introspecção, movidas pela necessidade de identificar as causas de seus sentimentos ou conduta, ou de encontrar explicações aos acontecimentos que as afetam. Igualmente, a utilizam quando têm de tomar decisões importantes, ou procuram formas de melhorar seu bem-estar. Contudo, para adquirir uma eficaz capacidade de introspecção, é preciso dose abundante de esforço, uma atitude aberta e, sobretudo, é necessário constância na prática. Naturalmente, as pessoas conscientes dos benefícios de se analisarem praticam com mais interesse e regularidade essa tarefa.

Graças à faculdade de poder nos distanciar mentalmente de nós próprios, e atuar ao mesmo tempo como protagonistas e espectadores, podemos nos estudar e nos conhecer melhor. E não há dúvida de que aqueles que conhecem melhor suas habilidades e limitações levam vantagem quando têm de calcular razoavelmente possibilidades e ordenar prioridades. Daí, talvez, a clássica e acertada recomendação: "Conhece a si mesmo!" Segundo alguns especialistas em História, os antigos gregos atribuíram esse grande conselho a vários de seus sábios — Quilon de Esparta, Tales de Mileto, Sócrates, Pitágoras e Sólon de Atenas, entre outros — e o inscreveram com letras de ouro na entrada do templo de Apolo, no monte Parnaso. O poeta romano Juvenal assegurou posteriormente que o prudente aviso tinha "caído do céu". Eu me inclino a pensar que a advertência é tão básica e sensata que seguramente fazia parte do receituário dos xamãs dedicados a guiar nossos semelhantes pré-históricos.

Transtornos da visão interior

A capacidade de introspecção pode ser destruída por defeito e por excesso. Além da perda dessa capacidade de observação interna devido a disfunções cerebrais permanentes, como no caso já mencionado das demências, um motivo de alteração temporal dessa faculdade, bastante frequente em nossa cultura, é a intoxicação por bebidas alcoólicas. Sob o efeito do álcool — e das drogas —, a capacidade de se observar e se analisar é atacada, embora fiquemos conscientes.

O álcool etílico de qualquer bebida, por exemplo, é absorvido pelos pulmões, pela mucosa bucal e pelo estômago em questão de segundos, e viaja no fluxo sanguíneo, sendo distribuído por todos os órgãos do corpo. Uma vez no cérebro, reduz, sem que a pessoa intoxicada se dê conta, a capacidade de se observar. O motivo é que o álcool interrompe a atividade da zona pré-frontal, encarregada de assegurar a receptividade social das manifestações do que alguém deseja, sente e pensa. O álcool diminui também a eficácia das regiões do cérebro que modulam a percepção do mundo circundante por meio dos sentidos. O resultado é o debilitamento das inibições psicológicas e motoras da pessoa.

Nas nações do Ocidente, onde beber é algo tão aceito e cotidiano como o pôr do sol, muitos homens e mulheres usam a bebida em doses moderadas como "acessórios" de suas relações sociais. Nesses casos, debilita-se a capacidade de introspecção e os consumidores se sentem mais relaxados, o que lhes facilita o contato com os demais e lhes acrescenta espontaneidade e leveza. Apesar disso, há gente que sofre do "mal beber". Para essas pessoas, normalmente agradáveis e sensatas, o impacto de alguns goles é suficiente para que lhes aflore um humor maçante, incômodo, que pode induzi-las até mesmo a se mostrar como seres hostis, desconfiados e agressivos.

Em algum momento, quase todos comprovamos com o próprio exemplo, ou com o de alguém querido, que a ingestão excessiva de álcool nos impulsiona a falar ou fazer coisas que em estado de sobriedade não diríamos nem faríamos. Há gente que está de acordo com o ditado latino *in vino veritas* (quando se bebe, fala-se a verdade) e afirma convencida que nessas circunstâncias as pessoas tendem a expressar o que realmente sentem, a manifestar seu "eu" verdadeiro. Inclino-me a favor dos versos que o escritor Pedro Muñoz Seca, natural da província espanhola de Cádiz, colocou na boca de Dom Mendo, quando este se justificou com: "não fui eu, não fui; foi o maldito vinho que se apoderou de mim..." De fato, aceita-se desde tempos imemoriais que o álcool não só anima nossa linguagem, mas que também influi de maneira determinante no comportamento humano. Um exemplo clássico: conta-nos a Bíblia (*Gênesis*, 19, 31) que as duas filhas de Lot, preocupadas porque nenhum homem do povoado de Soar iria fecundá-las, embebedaram o pai com vinho — e, provavelmente, também elas se serviram dele — no objetivo de ter relações sexuais com ele, "sem que Lot se inteirasse de quando elas se deitaram nem de quando se levantaram". Como resultado desse estratagema, os três violaram o grande tabu do incesto e ambas as jovens ficaram grávidas de seu pai e deram à luz.

Em todo caso, as bebidas alcoólicas em suficiente medida têm o poder de bagunçar a mente dos consumidores, até o ponto de fazê-los descontrolar-se em termos incompatíveis com sua personalidade normal.

Como parênteses, recordarei que o álcool é um ingrediente fundamental na explicação de muitas mortes prematuras por enfermidades crônicas, acidentes e atos de violência. Além disso, um dos problemas de saúde pública mais preocupantes de nosso tempo é o consumo do álcool por jovens. Qualquer pessoa razoável que repasse brevemente os dados a respeito estará de acordo com o fato de que tal preocupação é bastante justificada. Por exemplo, na atualidade, as idades de maior consumo de álcool na Espanha se concentram entre 16 e 25 anos. A ingestão persistente durante a adolescência ou o período de desenvolvimento do caráter tem consequências nefastas para os homens e as mulheres de amanhã. Isso porque o álcool obnubila e rouba dos jovens a capacidade de captar as vicissitudes da vida e de aprender a pesar as opções a seu alcance, bem como as consequências de suas decisões e condutas. Certas experiências repercutem em nossa identidade, deixam resíduo e configuram nosso mundo de amanhã. Aprender com situações passadas ajuda a nos conhecer, a mudar e a amadurecer. Mas, para poder aprender com o passado, necessitamos de lucidez, de motivação e de boa memória — três qualidades que são incompatíveis com o álcool.

A capacidade de nos observar internamente também pode se alterar por excesso. A introspecção obsessiva, intensa e constante paralisa as pessoas. Como adverte o velho ditado, "quem pensa demais, atrapalha". E, segundo as palavras de Fiodor Dostoiévski em *Memórias do subsolo* (1864), "Ser demasiado conscientes de nós mesmos é uma verdadeira enfermidade". O mesmo escritor refletia agudamente sobre a consciência exagerada de nosso aspecto físico em sua obra *O idiota* (1868) e fazia a seguinte observação: "Se um dia aparece uma verruga na ponta do nariz ou na testa, você não consegue evitar imaginar que ninguém no mundo tem outra coisa a fazer que não seja olhar fixamente para sua verruga, rir-se dela e condená-lo por tê-la, mesmo que você seja o descobridor da América."

A pessoa que está constantemente analisando seus pensamentos, palavras e movimentos, ou a impressão que causa nos demais, perde a espontaneidade e a concentração nas tarefas que realiza e tem dificuldades para decidir e atuar com eficácia. Acontece o mesmo com a centopeia da história, que caminhava feliz até que um dia uma rã lhe perguntou: "Como sabe qual pata mover a cada momento?" Desde esse instante, a centopeia não conseguiu parar de pensar em como se organizava para andar com tantas patas, e não se moveu mais.

Além disso, quem se observa intensamente, ou sente que está sendo observado enquanto tenta resolver um problema, não consegue se concentrar na questão, por isso tem menos probabilidades de conseguir solucioná-la do que os que se esquecem de si mesmos ou que pensam que passam inadvertidos. Em alguns casos, até mesmo ações tão naturais e automáticas como andar convertem-se em movimentos desajeitados e descoordenados quando a pessoa tenta com os cinco sentidos caminhar "com naturalidade", enquanto se observa intensamente. Muitos indivíduos se coíbem, se restringem ou se desorientam quando são observados ou lhes invade o temor de "o que pensarão?" Outros se incomodam, se ruborizam e se confundem em situações normalmente prazerosas, que requerem espontaneidade, e são incapazes de relaxar e desfrutar delas. Essas pessoas têm o termostato da introspecção avariado. "Não posso deixar de me observar nem de pensar que estão me observando e me criticando por tudo", costumam dizer.

Na lista de diagnósticos psiquiátricos encontramos a *fobia social.* Esse transtorno começa a se manifestar na adolescência e o sintoma principal é o medo atroz de situações sociais. Os afetados estão convencidos de que passarão por ridículos e se sentirão humilhados e rejeitados. Para evitar essa angustiosa situação, tendem a fugir de atividades como falar em público, participar de grupos ou assistir a reuniões nas quais possam ser submetidos a perguntas ou convidados a intervir. Alguns terminam levando uma vida de extremo isolamento.

À parte desses transtornos por defeito ou excesso de introspecção, a realidade é que a maioria das pessoas capta em algum momento de suas vidas a utilidade de se observar razoavelmente e de se conhecer o suficiente. Percebem os benefícios e as vantagens de saber quais são os sentimentos e a conduta que lhes trazem sofrimento e os que as fazem se sentir felizes. É comum que quanto mais saibamos sobre nós mesmos mais fácil nos resultará identificar corretamente os talentos naturais ou os traços de personalidade que nos convêm cultivar e praticar, e as peculiaridades que devemos minimizar ou eliminar. O conhecimento de como somos nos traz uma visão realista de nossas aptidões e defeitos, e aumenta as probabilidades de acertar nos relacionamentos e nas ocupações. Todos necessitamos encontrar e aprender a utilizar nossas ferramentas naturais físicas, psicológicas e sociais para que possamos nos adaptar às mudanças, superar as adversidades, e criar e dirigir razoavelmente nosso programa de vida.

Segunda parte

3

O conceito de si mesmo

"Todos nós, seres humanos, idealizamos algum mecanismo que nos permite, ao acordar a cada manhã, estar seguros de que somos a mesma pessoa que foi dormir na noite anterior."

Gordon W. Allport, *Padrão e desenvolvimento da personalidade*, 1961

Nascemos e nos criamos

"Sempre há um momento na infância no qual se abre a porta e se deixa entrar o futuro."

Deepak Chopra, *O livro dos segredos*, 2005

Nós, seres humanos, somos resultado da interação de nossas tendências genéticas com o entorno no qual nos formamos desde a concepção, e com o meio familiar, social e cultural no qual crescemos e vivemos. Ao longo dos anos, a qualidade dessa interação pode impulsionar e favorecer, ou deter e abater, o desenvolvimento de potencialidades inatas e, como resultado, configurar a construção do conceito de nós mesmos.

Equipagem genética e necessidades inatas

O poder modelador dos genes sobre nossa maneira de ser é inquestionável. Por exemplo, está solidamente demonstrado que a inteligência, o temperamento, o interesse em atividades como caçar ou pescar, o talento para a música ou a dança, a aptidão para o esporte, a inclinação para o otimismo ou o pessimismo e a capacidade de adaptação dependem, em certa medida, da bagagem de genes que trazemos ao mundo. E a autoestima não escapa dessa dependência do ácido desoxirribonucleico, ou DNA.

Entre os estudos que revelam o impacto dos genes sobre a autoestima destacam-se os efetuados pela equipe do doutor Kenneth S. Kendler, diretor do Departamento de Genética da Universidade da Virginia. Durante a década de 1990, esses investigadores se dedicaram, de maneira metódica, a entrevistar pessoalmente quase quatro mil pares de gêmeos, entre 22 e 60 anos, e a medir a autoestima dessa população. Os resultados demonstraram que os níveis de autoestima dos gêmeos geneticamente idênticos — também chamados monozigóticos, ou univitelinos, por proceder da mesma célula que resulta da união do espermatozoide paterno e do óvulo materno — eram muito parecidos, até mesmo entre os que tinham sido adotados ao nascer por pais diferentes. Pelo contrário, a autovalorização de gêmeos que não eram idênticos, portanto tinham genes distintos, não se parecia. Os autores chegaram à conclusão de que aproximadamente 30% da autoestima das pessoas é determinada pela bagagem genética.

Os genes exercem sua influência por meio da personalidade, à qual está moldada pelas mensagens do entorno no qual nos desenvolvemos e vivemos. Não é lógico, pois, descartar o impacto dos fatores sociais e das imponderabilidades da vida sobre a percepção e a valorização de nós mesmos. Todos conhecemos pessoas que vêm ao mundo com grande potencial para se autovalorizar positivamente, mas cujas percepções de si próprias se desfiguram por crescer em um ambiente hostil ou pelos efeitos de infortúnios imprevisíveis que sufocaram sua autoestima. E não são poucas as criaturas que nascem com uma nefasta carga genética, mas que, ao se desenvolver em um meio favorável, gozam de uma vida gratificante e plena.

Os recém-nascidos estão programados geneticamente para reclamar. Por isso gritam para ser alimentados, protegidos, ou para que alguém os mantenha confortáveis. Poucos dias depois de vir ao mundo, já começam a captar uma enorme variedade de sons e imagens, a sentir cheiros e carícias, e já distinguem entre seu corpo e o de seus responsáveis. Em poucas semanas, os bebês adquirem a perspectiva de se observar, e examinam intrigados as mãozinhas enquanto as movem, como se dissessem: "Ah, que coisa tão interessante!" Fica claro que os seres humanos são organismos muito interessantes!

Para as crianças pequenas, o "eu" ou o "mim" é apenas o próprio corpo. Aos dois anos, respondem à imagem no espelho com declarações como "esse sou eu!" ou "olha para mim!", e presumem o que podem fazer com suas mãos ou pernas. A sensação gratificante de controlar as coisas que estão ao redor aparece muito cedo. Não há nada melhor que ver a alegria que expressam os bebês quando notam que suas ações têm um efeito, como quando movem com suas mãos os bonequinhos ou fazem tocar as campainhas que são penduradas na frente do berço. Pouco a pouco, o "eu" e o "mim" adquirem um significado mais abrangente, que representa não só o conjunto de traços físicos que formam seu corpo, mas também seus pensamentos, seu ânimo e suas ações. Além disso, as criaturas não demoram muito em imitar e incorporar a seu repertório as qualidades que observam nos adultos que lhes são mais próximos.

Até pouco mais de um século não se concedia grande importância aos vínculos afetivos entre pais e filhos. Afinal, a infância era considerada uma etapa breve da vida, regulada por forças puramente físicas. Um reflexo dessa visão materialista dos pequenos era o fato de que em todas as sociedades era permitido abandonar os filhos indesejados. As crianças careciam de direitos. Eram propriedades, objetos úteis que contribuíam com a estabilidade do lar trabalhando desde os sete ou oito anos. No princípio do século XX, a percepção dos laços entre progenitores e seus descendentes pequenos mudou, graças ao interesse de alguns cientistas em investigar os processos mentais que regem o desenvolvimento saudável dos seres humanos.

Hoje sabemos que o crescimento sadio das crianças requer, no mínimo, a satisfação continuada de três necessidades essenciais: segurança, afeto e estímulo apropriado a sua idade.

Os pequenos necessitam se sentir seguros e confiar que vão comer quando tiverem fome, descansar quando estiverem cansados, e ficar confortáveis e protegidos das inclemências do ambiente e das agressões externas. Além disso, necessitam crescer em um ambiente carregado de afeto e calor humanos. Do mesmo modo, precisam trocar com outras pessoas estímulos sensoriais e perceber sensações apropriadas para sua idade por meio dos cinco sentidos. Já em 1943, o conhecido psicólogo nova-iorquino Abraham Maslow (1908-1970) mostrou que todos temos a possibilidade de nos realizar como pessoas de acordo com as próprias capacidades; contudo, para consegui-lo, precisamos primeiro satisfazer as citadas necessidades básicas. Maslow também identificou uma série de necessidades "superiores", como os ideais e os valores individuais e sociais de liberdade, solidariedade e criatividade.

Na atualidade, ninguém duvida que a conexão afetiva com outras pessoas molda de modo determinante o conceito de si mesmo que, à medida que crescem, as crianças vão desenvolver. Nos primeiros meses, o olho no olho acompanhado de palavras emotivas que lhes dirigem sorridentes os pais e responsáveis é especialmente vivificante. As criaturas progridem mais quando estão rodeadas de pessoas responsáveis e carinhosas que, além disso, demonstram e expressam claramente sentimentos de apreço e aceitação com gestos e palavras simples, que monopolizam sua atenção. Está comprovado que falar com os bebês durante os primeiros doze meses tem efeito muito positivo no longo prazo em sua aptidão para entender as emoções e explicar as situações que os afetam. De fato, quanto mais palavras pronunciadas em tom afirmativo por um adulto carinhoso, e quanto mais interessado escute o bebê, tanto melhor o pequeno desenvolverá suas capacidades de raciocinar e de se relacionar com os demais.

Ajudados pela maturação do cérebro, pelo desenvolvimento da memória e pela aprendizagem dos símbolos que ensinam seus responsáveis, as crianças progridem na habilidade para distinguir entre si mesmos e os outros; entre coisas tangíveis, como seu nariz ou a chupeta, e uma ideia abstrata, como "amanhã" ou "ontem". As crianças pequenas aprendem, com as expressões que escutam das pessoas que as rodeiam, a colocar nomes em sensações e sentimentos. Por exemplo, a mãe se aproxima do pequeno chorão e diz: "Oh! Você está inquieto; deve ter fome"; ou: "Chora porque tem sono; vou pegá-lo nos braços para que se tranquilize e durma", e, enquanto balança a criatura em seus braços com calor e carinho, diz com um sorriso, fitando-o: "Mamãe o ama muito." Com poucos meses, os pequenos harmonizam-se emocionalmente com seus responsáveis, tentam comprazer-lhes, e se inquietam se percebem impaciência, dor ou enfado.

Passo a passo, os pequenos percebem e elegem os traços básicos de sua personalidade: se são medrosos, alegres, tímidos, ativos ou valentes. Embora a falta de vocabulário não interfira na percepção dos aspectos fundamentais do próprio caráter, em geral eles usam adjetivos que aprenderam das pessoas a seu redor. Por essa razão, é importante evitar mostrar-lhes mensagens confusas ou incongruentes. Por exemplo, a mãe que grita com o pequeno ou lhe dá uma suave palmada porque ele urinou nas calças enquanto diz: "Estou batendo porque gosto de você"; ou aquela que compra balas diariamente para a criança e ao mesmo tempo briga com ela quando lhe pede doces.

A partir dos dezoito meses começam a florescer nas crianças a capacidade de distinguir suas habilidades de suas limitações e a aptidão para se comportar como ser social, comunicar-se, relacionar-se e deixar que outros participem de seu mundo. Aos quatro anos, os pequenos já reforçam sua identidade com expressões como "eu mesmo" ou "mim mesmo", e captam que podem ser objetos das próprias ações, como "vestir-se" ou "pentear-se". Adquirem habilidade na construção de uma narrativa particular: "sou uma menina boa", "sou um menino forte". Também podem codificar as lembranças pessoais significativas que formaram as sementes de sua biografia: "Todos os verões vou à casa de minha avó e a ajudo a colher maçãs; ela me abraça e me diz que sou sua neta favorita".

Entre os sete e oito anos, as crianças notam e identificam os conflitos ou tensões que, com frequência, se produzem entre seus desejos e seu comportamento, ou entre o que gostariam de fazer e o que pensam que deveriam fazer. Por exemplo, sentem um forte impulso para satisfazer um capricho imediato, mas decidem se controlar com o objetivo de conseguir uma recompensa ou reconhecimento posteriores; ou rompem o princípio da verdade e optam por contar uma mentira com o objetivo de evitar um castigo ou um desgosto. Não muito mais tarde, começam a perceber que existem atos reflexivos mentais como dominar-se, criticar-se ou autoenganar-se.

Uma regra importante na construção saudável do conceito de si mesmo, descrita lucidamente há mais de três décadas por Haim Ginott, professor de psicologia da Universidade de Nova York, consiste em não criticar ou enaltecer a criança como pessoa, mas centrar-se no que ela fez. Por exemplo, se a pequena de quatro anos derruba o copo de leite no chão segundos depois de alguém ter lhe dito que não brincasse com o copo, em lugar de reagir com um

"Mas, Laura, como você é ruim; já sabia que isso ia acontecer; olha como deixou o chão da cozinha que acabo de limpar!", uma resposta melhor seria: "Laura, o leite é para beber, não para brincar. Vamos limpar agora mesmo esse chão." E quando Joseph, de sete anos, recolhe todos os brinquedos que tinha deixado esparramados pela casa, em lugar de dizer: "Você é um menino muito bom e organizado", é preferível assinalar: "A casa está muito mais organizada com todos os seus brinquedos guardados; fico feliz, além disso, porque assim você sempre encontrará o brinquedo que quiser mais facilmente." A ideia, no primeiro caso, é desaprovar a conduta da menina sem desaprová-la como pessoa. No segundo caso, fomentar que o pequeno conclua que é competente por ter feito algo que vale a pena.

Martin E. Seligman, professor de psicologia da Universidade da Pensilvânia, estudou extensamente o estilo explicativo ou a forma habitual de explicar as situações que nos afetam. Seligman analisa as explicações de acordo com três valorizações: a duração que damos aos efeitos dos acontecimentos; a intensidade do impacto que atribuímos aos eventos; e o grau de responsabilidade pessoal que fazemos recair sobre nós pelo ocorrido. O normal é que os fracassos ou as desventuras nos façam, a todos, sentir desiludidos ou frustrados, pelo menos temporariamente. No entanto, as pessoas que, quando são golpeadas por alguma adversidade, pensam que se trata de um contratempo passageiro, que não afeta a totalidade de seu ser e que não têm toda a culpa daquilo, tendem a superá-la e a recuperar-se melhor e em menos tempo que os que consideram os efeitos de seus erros ou das calamidades como permanentes e irreversíveis, tomando-se como os únicos responsáveis por aquilo.

Por essa razão, é importante ensinar às crianças desde pequenas a desenvolver um estilo explicativo sensato, mas favorável. Por exemplo, imaginemos que Bruno, um menino de sete anos, está desenhando e expressa frustração e raiva consigo mesmo porque não consegue fazer o desenho tão bem quanto queria. A mãe, que vê sua reação, pode optar por uma explicação positiva ou otimista e dizer com tranquilidade: "Olha, Bruno, o desenho não ficou tão bom como queria porque hoje você está cansado"; ou, pelo contrário, pode escolher uma explicação desfavorável ou derrotista e sentenciar: "Bruno, o desenho não ficou como queria porque você não nasceu para desenhar!"

Mães de gaze, de arame e de verdade

Parte do conhecimento que hoje temos sobre o impacto dos primeiros vínculos maternos na saudável maturação dos pequenos foi originalmente adquirido em experimentos com macacos. Nesse campo, um dos investigadores mais reconhecidos foi Harry F. Harlow (1905-1981), professor de psicologia experimental da Universidade de Wisconsin. Harlow dedicou praticamente toda a vida profissional à investigação desse tema nos primatas. Quero contar aqui uma história curiosa. Ao ler sobre a vida desse cientista jovial e muito querido por seus estudantes, descobri que seu nome verdadeiro era Harry Frederick Israel. Apesar de ser protestante, seu sobrenome era um problema naquela época para conseguir emprego nos Estados Unidos, por causa dos preconceitos antissemíticos que existiam. Assim, ele o mudou para Harlow e logo conseguiu entrar na Universidade de Wisconsin como professor-assistente, eloquente ilustração do impacto que os preconceitos sociais e religiosos impõem sobre certos nomes e, como consequência, sobre a identidade pública de seus portadores.

As metódicas observações que Harlow fez ao trabalhar com macacos em seu laboratório culminaram no famoso estudo intitulado *A natureza do amor* (1958). A primeira coisa que esse investigador observou foi que os macacos separados de suas mães ao nascer mostravam graves problemas ao longo do crescimento; alguns chegavam a morrer prematuramente, apesar de não lhes faltar alimento.

Harlow também percebeu que, com poucos dias de vida, os macacos que não viviam com as mães se afeiçoavam aos pedaços de gaze que acolchoavam o piso de metal de suas jaulas, de tal forma que protagonizavam grandes momentos de raiva quando, por motivos de higiene, as almofadas eram retiradas. Essa observação moveu o investigador e sua equipe a estudar a adaptação dos macacos bebês a dois tipos de mães artificiais. Uma consistia em um bloco retangular de madeira envolto em uma camada de esponja recoberta de gaze ou tecido suave. Segundo Harlow, essa mãe sintética era branda, terna e acessível as 24 horas. Era uma "mãe com infinita paciência, nunca se enfadava com sua cria, nem a golpeava nem a mordia". A segunda substituta materna era feita de arame flexível. A diferença fundamental entre as duas mães artificiais era a qualidade e o conforto do contato físico. Ambas tinham uma mamadeira de leite e aos pés traziam uma manta térmica forrada de algodão. Harlow colocou as duas mães em uma jaula espaçosa. Os pequenos macacos eram livres para se mover e escolher a mãe artificial que preferissem.

Durante seis meses os investigadores anotaram o tempo que os macacos passavam com cada mãe. Os resultados demonstraram com clareza que os pequenos símios preferiam a mãe de gaze à de arame. Mesmo quando a mãe de arame era a única que tinha a mamadeira, os macacos passavam com a mãe "seca" de gaze oito horas, em oposição a cada hora que permaneciam com a mãe lactante metálica. De fato, o contato físico com a mãe suave era a variável essencial em seu desenvolvimento, muito mais significativa que a alimentação. A conclusão de Harlow, em forma de hipótese aplicada aos seres humanos, foi que a relação física frequente e confortável entre a mãe e os filhos é fundamental para o bom desenvolvimento das criaturas. Harlow também idealizou o que chamou de *máquina para medir amor* em macacos. O instrumento baseava-se na observação de que os macacos, com poucos dias de vida, já mostram grande curiosidade visual. Por exemplo, macacos encerrados em uma caixa pouco iluminada abrem e voltam a abrir a porta durante horas só para ver o que há do lado de fora, mesmo que não haja nada. Harlow comprovou que se colocava do lado de fora da caixa uma mãe substituta de gaze, os macacos que mantiveram contato com as duas mães artificiais durante seu primeiro mês de vida — ainda que tivessem transcorrido três meses sem vê-las — abriam a porta com muito mais frequência que se colocavam a mãe de arame. Ao observar que a imagem da mãe de gaze se mantinha durante tanto tempo na memória dos pequenos primatas, sua humorística dedução foi: "Podemos estar seguros de que nem todos os amores são cegos."

O psicólogo inglês John Bowlby (1907-1990) foi o primeiro cientista que estudou metodicamente os vínculos afetivos entre a criança pequena e a sua mãe. Segundo sua biografia, a origem do interesse pelas vicissitudes da separação entre crianças e pais, tema ao qual dedicou toda a sua vida, surgiu depois de ter ingressado em um colégio interno bem cedo. Bowlby identificou três fases na resposta dos pequenos à separação de suas mães: a primeira é uma reação de protesto enérgico, de enfado e de apreensão, durante a qual as criaturas exigem a mãe. A essa fase segue outra, caracterizada pela tristeza e pela perda de esperança. A terceira fase se caracteriza pela desconexão afetiva, a indiferença ou, por vezes, a negação da figura materna. Essa resposta se detecta na maioria das crianças pequenas que se separam da mãe, independentemente de o motivo ser o divórcio, o internamento forçado em uma instituição ou a morte.

Hoje está amplamente comprovado que a perda prematura da mãe marca de maneira decisiva a imagem que os seres humanos configuram de si mesmos. Isso se deve ao fato de que a todos custa muito imaginar que as mães possam desaparecer quando são crianças. Penso que essa resistência universal se alimenta do convencimento de que elas são a única fonte segura de amparo. A perda do pai também é traumática, mas não inspira tanto estremecimento, talvez porque não transtorna tanto nossas premissas fundamentais da vida. Em minha experiência com homens e mulheres que perderam a mãe na infância ou nos primeiros anos da adolescência, observo que quase todos lembram-se de viver com um falso sentido de segurança. Em seu coração guardavam a crença de que a mãe era um ser permanente, que uma mãe nunca abandona os filhos pequenos. Essa impensável perda se converte depois na experiência mais profunda e impactante de suas vidas, no acontecimento fundamental de sua história. As pessoas de quem tratei e que conheci, que cresceram sem mãe, possuem um sentido muito agudo de mortalidade. Falam de espaços interiores vazios, de peças que faltam, da ferida aberta que trazem na boca do estômago. As mulheres costumam dar a entender que o trem da vida descarrilou quando pequenas, deixando-as intempestivamente em terra desconhecida, sem um mapa, sem um guia. E aquelas que, quando maiores, formaram uma família, tiveram de aprender a ser mãe sozinhas.

A psicóloga norte-americana da Universidade Johns Hopkins, Mary Ainsworth (1913-1999), foi outra pioneira nesse campo. Demonstrou que o impacto da relação entre mães e filhos é tão significativo que a natureza dessa união durante os dois primeiros anos da vida vai determinar o estilo de se relacionar das pessoas em sua idade adulta. A investigadora confessou que o que a impulsionou a estudar esse tema a fundo tinha sido seu doloroso divórcio aos 47 anos e a grave depressão que essa ruptura provocara. Sua experiência mais famosa — conhecida como "a prova da situação estranha" — consistiu em observar a reação de meninos, entre um e dois anos, perante a presença e a ausência da mãe e de alguém desconhecido enquanto brincavam sozinhos em um quarto. O estudo, de meia hora de duração, incluía cinco situações sucessivas: em primeiro lugar, a criança brincava na presença de sua mãe; em seguida, entrava no quarto uma pessoa estranha, mas sua mãe permanecia; na sequência, a mãe saía e a criança ficava com a pessoa estranha; minutos depois, a pessoa estranha saía e ela ficava sozinha; e, finalmente, a mãe voltava a entrar no quarto.

Depois de observar a passagem de dezenas de criaturas por essas cinco situações, Ainsworth identificou três grupos de pequenos. Um grupo de "crianças seguras", que se comportava com confiança, brincava tranquilamente enquanto sua mãe estava presente e se relacionava de forma amigável com a pessoa desconhecida que entrava. Quando a mãe saía do quarto, se mostravam um pouco preocupados e inquietos, mas, quando ela retornava, abraçavam-na alegremente e, em poucos segundos, voltavam a brincar sozinhos. O segundo grupo era de "crianças inseguras". Este se mostrava apreensivo quando a pessoa estranha entrava no quarto, ainda que a mãe estivesse presente. Quando a mãe saía, as crianças desse segundo grupo se mostravam muito ansiosas e temerosas. Ao retornar, os pequenos ficavam bravos com ela, rejeitavam suas primeiras mostras de afeto e não voltavam a brincar sozinhos. O terceiro grupo era formado por "crianças retraídas". Esses pequenos brincavam por sua conta, mas permaneciam emocionalmente retraídos e impávidos durante os cinco cenários.

Estudos posteriores encontraram similaridades entre a maneira de se comportar dos três grupos de crianças e os estilos de se relacionar quando adultos. Efetivamente, os pequenos "seguros", quando são maiores, toleram bem a separação física dos seres queridos. Os do grupo dos "inseguros" tendem a se preocupar e a duvidar do carinho das pessoas próximas quando elas se separam deles. As crianças consideradas "retraídas", quando crescem, costumam manter-se isoladas dos demais, tentam evitar a aproximação ou a dependência e se sentem incomodadas em relações íntimas.

Os estudos mais credenciados sobre os laços afetivos infantis estão baseados na relação entre a mãe e seus filhos, pois até pouco tempo atrás, na cultura do Ocidente, o pai era, em geral, um ator distante no cenário familiar. Sempre se disse que os pais "brilhavam por sua ausência". Mesmo em lares onde a presença paterna está assegurada, o pai passa com os filhos muito menos tempo que a mãe. No entanto, os filhos e as filhas necessitam da presença de um modelo paterno carinhoso, racional e benévolo para formar seu "eu" e consolidar sua identidade, embora esse não tenha de ser necessariamente o pai biológico. Para o menino e a menina, são vitais os primeiros sinais de aprovação, de reconhecimento e de afeto que são comunicados pelo pai, porque constituem uma fonte fundamental de segurança e de autovalorização. De fato, muitos dos males psicossociais que nestes tempos afligem os jovens, como a desmoralização, a abulia ou a falta de esperança no futuro, têm frequentemente como denominador comum a "escassez de pai". Com isso não quero dizer que as mulheres que criam e educam sozinhas seus filhos estejam destinadas a ter crianças com conceitos desfavoráveis sobre si próprios. A razão é que a figura paterna se constrói na mente das crianças não só de traços do progenitor, mas também de atributos de outros homens importantes da infância e de qualidades paternais idealizadas que as criaturas captam dos ídolos de seu tempo.

Afortunadamente, hoje a relação entre pai e filhos é mais estreita e entranhada que no passado, porque cada vez é maior o número de homens que optam por desempenhar um papel mais ativo no cuidado das crianças. Muitos são os pais tão caseiros, expressivos e afetuosos quanto as mães. Como consequência, os vínculos afetivos que esses pais desenvolvem com os filhos podem ser tão significativos e determinantes como os das mães.

A qualidade dos cuidados e da atenção que durante a infância os progenitores estabelecem com seus filhos tem um impacto crucial no conceito que as crianças constroem sobre si próprias. No geral, os pais que são carinhosos, que apoiam os pequenos, que os escutam e respeitam; que, ao mesmo tempo, guiam e estabelecem normas de conduta e objetivos claros, razoáveis e alcançáveis, tendem a imbuir nos filhos uma opinião favorável de si mesmos e alimentar neles a confiança, o sentido de competência, a responsabilidade e a predisposição a enfrentar desafios novos. A situação oposta alimenta a insegurança, a culpabilidade e o sentimento de inferioridade, além de reforçar o círculo vicioso de "não sou bom, vou fracassar; portanto, para que tentar?".

É um fato irrefutável que um ambiente familiar íntimo, protetor e estimulante facilita, em todas as criaturas, a formação de uma representação mental saudável de si mesmas, a sensação gratificante de pertencer a um grupo e a empatia, essa excelente aptidão para entender o outro com afeto e compreensão. Pelo contrário, condições nocivas de aborrecimento, incerteza e abandono tendem a fomentar, nos menores, a suspeita em relação aos outros, o pessimismo, o isolamento afetivo e, definitivamente, a infelicidade. Esses desafortunados pequenos se sentem indesejados e indefesos em um mundo que percebem carregado de rejeição e hostilidade. Os ambientes familiares perniciosos alteram a capacidade de as crianças desenvolverem os sentimentos e as condutas que ajudam a configurar uma auto imagem positiva. O conhecido psicólogo Erik H. Erikson (1902-1994) descreveu um interessante ciclo da vida com fases consecutivas, durante as quais adquirimos os atributos fundamentais que ajudam a nos sentir satisfeitos conosco: confiança, autonomia, iniciativa, intimidade, produtividade e identidade. Segundo Erikson, as experiências danosas da infância e da adolescência nutrem as raízes da desconfiança, da indolência, da confusão de identidade e da desesperança.

A possibilidade de forjar uma ideia favorável de si mesmo é inevitavelmente sombria para as crianças presas em lares instáveis ou violentos. Como explicarei em detalhe no capítulo que dedico ao lado obscuro da autoestima, as experiências de abusos continuados aniquilam nas criaturas os princípios que dão sentido à vida, minam a confiança, erodem sua capacidade de adaptação e destroem o sentimento de conexão com o mundo circundante. Os pequenos maltratados têm de enfrentar desafios duríssimos: devem sobreviver a um ambiente impregnado de crueldade e, simultaneamente, têm de encontrar a forma de conviver com seus verdugos. Buscam, temerosos, um mínimo de segurança e tentam manter o domínio de si em situações nas quais se sentem indefesos. Incapazes de se proteger ou de afastar seus exploradores, se submetem, se desconectam do mundo e se distanciam da realidade até perder o sentido de quem são. O que é pior: a maioria desses meninos e meninas termina por jogar a culpa em si mesmos, convencidos de que a causa de sua precária situação é a própria maldade inata.

São inumeráveis as investigações que demonstram o decisivo impacto das experiências traumáticas durante a infância no desenvolvimento do cérebro e, mais tarde, sua incidência em transtornos emocionais crônicos como a ansiedade, os ataques de pânico, os vícios, a depressão e até o suicídio.

Em minha opinião, e não me canso de repeti-la, o direito de nascimento de todas as criaturas implica o crescimento livre de abusos e de crueldades. Na ocasião de fomentar nas crianças um conceito são e positivo de si mesmos, não há nada mais eficaz que conseguir a convicção na sociedade de que o mais importante é proteger seu espírito e sua dignidade, e satisfazer sua necessidade de amor. O amor satisfeito fomenta a confiança, a bondade, a competência, a capacidade para ser feliz e a autoestima saudável.

Reflexos do mundo exterior

"Querida Senhorita Corações Solitários: Escrevo porque necessito de seu conselho. Já tenho dezesseis anos e gostaria de ter amigos e sair aos sábados como as meninas de minha idade, mas nenhum menino quer sair comigo porque nasci sem nariz, apesar de dançar bem e não ser feia. Todos os dias, me olho no espelho e choro. Tenho um buraco no meio da cara que assusta as pessoas e inclusive a mim mesma, por isso não consigo culpar ninguém por não querer sair comigo. Minha mãe me ama, mas chora desconsoladamente cada vez que olha para mim. Que terei feito eu para merecer esse terrível destino e nascer assim? Perguntei a meu pai e ele disse que talvez fiz algo no outro mundo antes de nascer ou talvez seja um castigo pelos pecados dele. Acho que não, porque meu pai é uma pessoa muito boa. Acha que deveria me suicidar? Atenciosamente, Desesperada."

Nathanael West, *Senhorita Corações Solitários*, 1962

O conceito de si mesmo está condicionado por múltiplos fatores externos. Depende em grande medida da opinião que os seres importantes de nossa vida formam e emitem sobre nós. Durante a infância, a pessoa de mais influência costuma ser nossa mãe, seguida de nosso pai e demais responsáveis e educadores. Na adolescência, as opiniões que nossos companheiros de grupo social expressam sobre nós, ou as que lhes atribuímos, importam muito.

Embora, como seres sociais que somos, vivamos constantemente expostos aos pareceres de outros, na realidade a autovalorização se parece mais com a percepção que temos de como os demais nos avaliam do que à verdadeira valorização que os demais fazem de nós. Essa é mais uma prova do predomínio da subjetividade sobre a realidade objetiva. Quer dizer, vejo a mim mesmo como acho que os demais me veem, e não necessariamente como os demais realmente me veem.

O "eu" como espelho

Aos dois anos, as crianças começam a captar as coisas que são importantes para seus pais, as expectativas que eles querem ver cumpridas, e fazem tentativas rudimentares para obter respostas positivas ou evitar reações negativas. Aos cinco ou seis anos, já se preocupam com o que os demais pensam delas e evitam se expor a críticas. Envergonham-se de seus erros e se sentem muito mal quando outros riem delas ou lhes ridicularizam. Mais à frente, os pequenos interiorizam e assumem muitas das atitudes e opiniões das pessoas com autoridade que os rodeiam, e começam a formar a própria opinião sobre si.

O fato de que os pequenos dependam tanto dos demais para construir o conceito de si implica certos riscos. Se os responsáveis são afetuosos, sérios e reafirmam as qualidades das criaturas, servem de reflexo social positivo a esses futuros adultos. No entanto, muitas crianças veem a si próprias no escuro espelho de pessoas emocionalmente distantes, imprudentes, amarguradas ou, talvez, até mesmo cruéis com elas.

Os adolescentes são especialmente sensíveis e se preocupam muito com o julgamento que os outros formulam deles, embora neguem isso com frequência. A seguinte expressão textual de um rapaz de quinze anos é típica desse dilema: "Eu me importo um pouco com o que meus pais pensam de mim, também me dá curiosidade saber o que os amigos opinam sobre mim, mas não me interessa nem um pouco o que os demais possam pensar... Bom, quero dizer que prefiro não dar importância ao que os outros possam pensar sobre mim. Contudo, a verdade é que me sinto bem quando as pessoas gostam de mim." Como resultado dessa ambivalência, vários adolescentes frequentemente se definem e se comportam de maneiras distintas, dependendo das pessoas com quem estejam tratando a cada momento.

Alguns estudos muito interessantes, feitos pela equipe de Susan Harter, diretora do Departamento de Psicologia da Universidade de Denver, Colorado, demonstram que os jovens não só descrevem a si mesmos de formas diferentes, dependendo da situação na qual se encontram, mas que se atribuem traços pessoais que são claramente opostos. Um exemplo típico que essa autora menciona é a resposta dada por uma jovem de dezesseis anos à pergunta de como se comportava em diferentes contextos: "Com meus colegas sou extrovertida, alegre, alvoroçada; sinto-me segura. Na sala de aula sou séria, responsável, respeitosa, calada. Com minha melhor amiga, compreensiva, afetuosa... posso ser eu mesma. Com um rapaz que me atrai sou consciente de mim, boa ouvinte, sensível, nem sempre sou eu. Com meu pai costumo ser distante, reservada; fico na defensiva. Com minha mãe, íntima, teimosa, sincera e ajo com mau gênio." Quando essa jovem tentou explicar tal quantidade de contradições sobre sua forma de ser depois de ler a própria resposta, exclamou frustrada: "Não tem sentido, tudo deveria encaixar em uma só peça!"

Além de adotar como próprios os julgamentos que as pessoas importantes ao redor fazem deles — ou que acreditam que fazem deles —, as crianças e os adolescentes também assumem os valores, as prioridades e as normas sociais que captam por intermédio dos demais e dos meios de comunicação. Por exemplo, a percepção do próprio atrativo físico em comparação com o modelo-padrão da aparência socialmente aceita contribui de maneira substancial com o conceito de si mesmo. Quando pensam que sua figura física cumpre com os requisitos bem falados e divulgados pela sociedade, experimentam níveis mais altos de autoaceitação que quando consideram que sua aparência exterior não se ajusta às pautas convencionais estabelecidas.

As emoções que representam o papel mais importante no desenvolvimento do conceito de nós mesmos dentro do marco social têm relação com o desejo natural de amar a outros e de nos sentir amados pelos demais. A saudável tendência natural humana para desejar e perseguir o intercâmbio afetivo com os semelhantes é geralmente muito sensível ao temor da rejeição. Esses sentimentos de temor têm muito que ver com o que fazemos ou como nos comportamos com os seres ao redor, e dão lugar ao desenvolvimento de importantes emoções "sociais" como o orgulho, a vergonha, a culpa e o remorso.

Essas emoções começam a nos afetar aproximadamente aos dois anos, que, como já mencionei, constituem a etapa em que começamos a levar em conta as reações dos adultos perante nosso comportamento. É muito normal que a criança persiga a aprovação dos seres que lhe são queridos e evite se sentir rejeitada, embora na maturidade terá de vivenciar tanto um lado quanto o outro, conhecendo-se como é, com suas virtudes e suas limitações, mantendo-se a uma providencial distância dos elogios e das críticas. O sentimento de se sentir orgulhoso de si próprio é muito gratificante e costuma abranger os sentidos de competência, de utilidade e de eficácia. Esse sentimento positivo alimenta em nós o incentivo, o ânimo e a energia para repetir, no futuro, as ações que o produziram e também para conduzir nossos passos na consecução de novas metas construtivas. O orgulho, ou o sentimento de satisfação, estimula nosso relacionamento com os demais. No entanto, quando essa autossatisfação degenera em um orgulho excessivo, que resulta em arrogância ou em complexo de superioridade, tende a nos distanciar emocionalmente de outras pessoas.

As emoções de vergonha e de culpa costumam estar relacionadas com situações nas quais sentimos que perdemos valor sob o olhar do outro; situações nas quais não nos consideramos merecedores da aprovação alheia, e tememos nos ver ou nos sentir rejeitados. A vergonha debilita porque é causa de menosprezo e faz com que nos sintamos inadequados perante os demais. Como explica o conhecido psiquiatra espanhol José Guimón em seu livro *La desvergüenza* [O descaramento], o sentimento de vergonha sempre é acompanhado de sensações corporais, como opressão na garganta e no peito, taquicardia, enfermidades no estômago e rubor no rosto. Essa resposta física, ao ser visível aos outros, também afeta a imagem pública da pessoa ruborizada.

A culpa, se é em resposta a erros reais ou a infrações das regras de convivência, pode aumentar nossa consciência sobre os próprios comportamentos equivocados, danosos ou que fazem outros sofrer. Nesse sentido, a antecipação dos sentimentos de culpa promove condutas sociais construtivas, inibe impulsos inaceitáveis e, uma vez que transgredimos, a expressão de remorso comunica aos outros nosso propósito de contrição e boas intenções de emenda. A culpa é mais útil que a vergonha porque, apesar de incluir o gosto amargo do remorso depois de uma ação censurável, nos anima a corrigir erros e pode estimular em nós — e nos afetados por nossas ações — a empatia, que ajuda a nos situar com compreensão nas circunstâncias da outra pessoa.

É curioso que diante das numerosas dúvidas e ambiguidades que infestam quase todos os âmbitos da vida, no que concerne à nossa identidade, teremos de acreditar que existe uma verdade e que alguém a conhece. Mas que verdade aceitamos de nós mesmos? Quem sabe melhor como somos? Nós? Nossos pais? Nossos amigos? Nossos professores e educadores?

É razoável pensar que somos os verdadeiros especialistas em nosso "eu", que, se há um tema do qual sabemos mais que ninguém, é de nós mesmos. No entanto, não poucas pessoas dão essa autoridade a outrem, considerando que outros as conhecem melhor. Se perguntamos a alguém: "Quem você acha que realmente o conhece? Quem sabe o que de verdade você sente e pensa por dentro?", provavelmente esse indivíduo nos daria o nome de um ser próximo, que detecta quando algo não anda bem em sua vida, nota quando ele se sente preocupado ou triste, ou repara se dissimula desconsolo ou aparenta estar feliz, e também intui quando mente ou se sente culpado por algo que fez.

É certo que algumas pessoas captam como nos sentimos, e adivinham nossos desejos e nossas aspirações sem que tenhamos de expressá-los verbalmente. Embora seja uma situação que se preste bastante à fantasia e ao enigma, não há dúvidas de que atualmente, em Nova York, Barcelona, Madri, Buenos Aires, Paris ou em qualquer outra cidade do mundo ocidental, milhares de pessoas vão ao psiquiatra ou ao psicólogo para se conhecer melhor porque têm certeza que esses profissionais podem descobrir tendências ou temores que lhes são inconscientes, ocultos, e sabem, ou podem chegar a saber, deles mais que elas próprias.

As crianças tendem a pensar que aqueles que as conhecem bem sabem as ações boas ou más que fizeram. Há estudos sobre esse tema nos Estados Unidos que indicam que 60% das crianças entre oito e onze anos pensam que suas mães são as que melhor conhecem as coisas que elas fazem e que só 10% consideram que é o pai quem as conhece melhor. Com os anos, isso muda. Pouco a pouco, a maioria dos adultos se convence de que ninguém pode conhecê-los melhor que eles mesmos.

No geral, é mais fácil discernir quem gosta de nós de quem não gosta. Somos mais receptivos às opiniões positivas que às negativas e, como cabe esperar, o impacto é maior se os ditames ou os julgamentos vierem de pessoas que valorizamos ou que são importantes para nós. Contudo, não é corrente que as pessoas expressem abertamente suas opiniões para outros, especialmente se elas forem desfavoráveis. O mesmo ocorre com os relacionamentos íntimos. O comentário "nem seu melhor amigo diria isso", depois de fazer uma crítica negativa ou uma repreensão, só costuma ser feito se a pessoa solicitar diretamente.

Costumes, crenças, princípios e o imenso leque de prioridades e de valores da cultura na qual crescemos e vivemos impregnam e moldam o conceito que formamos de nós mesmos. Muitas dessas pautas e expectativas são explícitas, embora algumas sejam subentendidas. Todas nos servem, no entanto, como pontos de referência e nos ajudam a construir os próprios ideais e nossas inclinações. Os eixos transmissores desses valores da época que nos cabem viver são as pessoas mais velhas, os educadores, os meios de comunicação e os personagens ou líderes populares.

A busca de um equilíbrio entre os atributos ideais que se perseguem e as probabilidades reais de consegui-los é uma tarefa determinante no momento de fundar a imagem que cada um termina formando de si mesmo. É sentido comum que, quanto maior for o desnível entre as aspirações e as oportunidades, mais difícil é desenvolver um conceito positivo de si próprio. Quer dizer, quanto mais distantes estejam nossos desejos do que, objetivamente, está a nosso alcance, mais probabilidades teremos de fracassar na empreitada. Por isso, as sociedades que facilitam aos cidadãos a consecução de suas aspirações e metas, ou que promovem como desejáveis objetivos reais e possíveis, fomentam-lhes a perspectiva favorável e esperançosa de se sentirem satisfeitos.

Harry C. Triandis, professor de psicologia da Universidade de Illinois, estudou a fundo como o conceito de si mesmo está moldado pelos valores culturais da sociedade na qual vivemos. Naturalmente, esses valores influenciam na forma, mais ou menos rígida ou aberta, com que crianças são guiadas por seus pais; nas normas de conduta nas quais são educadas; nas qualidades pelas quais são valorizadas; e nos argumentos que são utilizados para modelar seu comportamento.

Nos Estados Unidos, por exemplo, onde se valoriza a vontade firme, segura e assertiva, diz-se: "Quem não chora não mama." No Japão, no entanto, prefere-se a cautela, e adverte-se: "A unha que se sobressai é a que recebe os golpes." Na Europa, muitos pais que tentam convencer seus filhos pequenos a comer recorrem ao seguinte argumento: "Pensa nas pobres crianças africanas que morrem de fome e perceba como você tem sorte." Na mesma situação, os pais chineses costumam dizer: "Os lavradores que trabalharam duramente para produzir este arroz para você sentirão que seus esforços foram em vão se ele não servir para nada." Embora ambos os argumentos utilizem o sentimento de culpa como fator motivador para que o pequeno coma o prato de comida que não lhe apetece, no caso dos europeus, a ideia é que o devem fazer como reconhecimento a sua sorte em comparação com os africanos, enquanto no caso dos chineses é uma mostra de agradecimento aos trabalhadores que produziram o alimento.

Li na imprensa mais alguns exemplos, que também vêm ao caso. Os empregados de um supermercado japonês, inaugurado no Estado de Oregon, nos Estados Unidos, receberam a ordem de dar as mãos antes de começar a jornada diária, e dizer uns aos outros: "Você é magnífico!" Para servir de contraexemplo, uma empresa de eletrodomésticos da Califórnia conseguiu aumentar a produtividade dos funcionários depois de exigir que, antes de sair para o trabalho, repetissem trinta vezes na frente do espelho: "Sou uma pessoa estupenda!" Resumindo: os japoneses se motivavam sendo elogiados pelos companheiros, e os americanos, louvando a si mesmos.

Curiosamente, há instituições capitalistas por excelência que consideram que o êxito não está ligado ao protagonismo individual. É o caso da empresa multinacional de investimentos financeiros Goldman Sachs, com sede em Wall Street. Os lucros financeiros dessa empresa são tão espetaculares que no Natal de 2006 ela dividiu em bônus aproximadamente onze bilhões de euros entre seus empregados. Fundada em 1869 pelo imigrante europeu Marcus Goldman, a prestigiosa instituição se destaca por evitar taxativamente a "cultura do estrelato". De fato, a empresa proíbe, por contrato, seus funcionários de falar — e muito menos se gabar — de suas conquistas em público. Apesar de o ambiente de trabalho na Goldman Sachs ser lendário pela competitividade intensa, e por contar com o êxito sem deixar espaço para dúvidas, o "ego" de cada líder é "cortado" desde o primeiro dia. A empresa vem em primeiro lugar, em segundo e em último. A revista *The Economist*, na qual os jornalistas publicam anonimamente reportagens e artigos, é outro exemplo similar em relação à orientação antiego de seus profissionais.

No estudo global efetuado por Triandis e seus colaboradores, os investigadores pediram a numerosos grupos de pessoas de vários países que completassem com um substantivo ou adjetivo a frase "eu sou..." vinte vezes. Nas sociedades individualistas — como Estados Unidos e alguns países da Europa —, em que as necessidades e as metas do indivíduo têm preferência às do grupo, e são toleradas a diversidade e o desvio das normas por parte dos cidadãos, os resultados do estudo mostraram que as pessoas descrevem a si mesmas com conceitos pessoais como "eu sou advogado", "sou louco por música", "tenho um temperamento tranquilo", "sou muito religioso". Ao contrário, os cidadãos de sociedades coletivistas — Índia, Japão, China, por exemplo —, nas quais primam a homogeneidade, o sentido comunitário e o orgulho de pertencer a um grupo, tendem a se descrever em termos do grupo a que pertencem: "eu sou membro da irmandade de pescadores", "sou solidário com meus vizinhos" ou "me considero um bom provedor para minha família". Nas culturas individualistas, as pessoas também são mais propensas a revelar seus defeitos e suas experiências negativas que nas coletivistas.

Nas sociedades individualistas, ser independente é considerado qualidade, e depender dos demais é visto como defeito. Tende-se a pensar que os pobres e os socialmente marginalizados são responsáveis por sua desventura. Pelo contrário, nos países onde predomina o sentido de coletividade, a dependência e a cooperação no grupo ao qual alguém pertence são consideradas virtudes. Do mesmo modo, a sorte e o azar dos indivíduos são interpretados como responsabilidade do grupo.

Como vemos, as pessoas são capazes de incorporar uma variedade surpreendente de traços à identidade e ao modo de ser que guardam relação muito estreita com os valores culturais da sociedade em que vivemos. Por isso, o conceito de si mesmo como indivíduo, com ideias próprias, atributos singulares e comportamentos que respondem principalmente a um repertório particular de crenças pessoais, menosprezando as ideias e as prioridades dos demais, é mais frequente nas sociedades com fortes tendências individualistas do Ocidente. Ocorre o mesmo com a aspiração de realizar e desenvolver os talentos pessoais e o respeito pelos desejos, pelos direitos e pelas responsabilidades individuais. Diferentemente do Ocidente, outras culturas menos individualistas dão prioridade à conexão solidária entre os seres humanos, por isso um imperativo dessas sociedades é manter e proteger os vínculos e a dependência entre as pessoas. Essa preeminência do ser social reflete-se mais tarde nos julgamentos, nas decisões e nas atividades dos indivíduos que habitam essas culturas.

Igualmente, os americanos utilizam os qualificativos "independente", "fisicamente atrativo", "competitivo", "inteligente" ou "esportista", e incorporam posses e triunfos ao conceito de si mesmos com muito mais frequência que os japoneses, os indianos ou os chineses. Estes últimos se definem em termos de seus relacionamentos ou enfatizam aptidões ou virtudes comunitárias. Por outro lado, os americanos se definem também como "otimistas e felizes" com mais facilidade que os europeus. Curiosamente, a glorificação dos conceitos de otimismo e felicidade é tal nos Estados Unidos que, segundo as pesquisas, a maioria da população pensa que, com otimismo, pode se vencer qualquer adversidade, e que as pessoas felizes têm mais probabilidade de ir ao céu que as infelizes. Nos países europeus, reconhecer abertamente que se é otimista e feliz — mesmo que seja a pura verdade — não é bem-visto, cria má reputação. A explicação pessimista e negativa da existência que primou durante séculos no mundo tétrico e melancólico da filosofia europeia pintou, e ainda pinta, de ingenuidade, de incultura e até mesmo de ignorância os atributos positivos e universais da humanidade.

Outro ingrediente da personalidade muito arraigado na cultura ocidental é a competitividade. Os meios de comunicação fomentam sem cessar o argumento de que vivemos em uma luta contínua na qual os fortes sobrevivem. Essa mensagem é constantemente representada na literatura de ficção e de não ficção, no cinema e no teatro, nos esportes, nos videogames. Nossa cultura exalta a rivalidade. Admira-se o triunfo conseguido em situações de enfrentamento que sempre requerem um vencedor e um vencido; o cenário da luta pode ser a família, o colégio, o trabalho e as atividades lúdicas.

Certos valores são comuns em quase todas as culturas. Esse é o caso da idealização dos atributos da masculinidade, dos estereótipos viris, da imagem do homem rígido, agressivo e dominante, que mantém a todo custo uma aparência de confiança em si próprio. Um ser altivo que aceita desafios sem medo e não expressa sentimentos. Essa imagem masculina impregna a subcultura das crianças e dos adolescentes, suas leituras, seus programas televisivos e seus jogos. À medida que crescem, incorporam à sua identidade esses traços altamente valorizados ao redor. Muitos especialistas atribuíram ao cultivo desses ideais a inclinação mais forte à violência que existe no mundo entre os homens se comparada à das mulheres.

Estigmas

Os gregos inventaram a palavra *estigma* para se referir às marcas indeléveis que gravavam a faca ou a ferro incandescente na pele dos escravos, dos criminosos ou dos traidores, a fim de que fossem identificados publicamente e marginalizados por desonra. Hoje, a sociedade estigmatiza de maneira simbólica pessoas ou grupos que considera física, mental ou moralmente inferiores, ou apenas diferentes.

A visível inclinação que se nota em nossa sociedade, para desvalorizar, para considerar menos valiosos certos grupos de pessoas "diferentes", também incide na construção do conceito de si mesmo. A noção negativa dos "outros" — os imigrantes, os negros, os mouros, os latino-americanos, os homossexuais, os deficientes, os anciãos, os doentes mentais, os gordos, os ciganos, os islâmicos, os judeus, as donas de casa — oferece desculpa para alimentar um falso sentimento de orgulho de si mesmo por não compartilhar "imperfeições" alheias. Impressiona, na verdade, a naturalidade com que alguns seres humanos reclamam a superioridade sobre outros.

Isso me faz recordar que, no princípio do século passado, um grupo de psicólogos investigadores estudou como se desenvolve a consciência de si mesmo como membro de um grupo racial. Vários experimentos-piloto mostraram que muitas crianças de raça negra tendiam a se identificar com fotografias ou bonecos de raça branca quando lhes perguntavam com quem se pareciam mais. O investigador mais reconhecido nesse campo foi Kenneth B. Clark (1914-2005). Clark cresceu no célebre bairro nova-iorquino do Harlem, foi o primeiro estudante negro a se graduar em psicologia na Universidade de Columbia e o primeiro professor em Nova York dessa raça. Muitos de seus trabalhos foram realizados em colaboração com sua mulher, Mamie, também psicóloga. Clark demonstrou que as crianças pequenas de raça negra frequentemente preferiam bonecos brancos e relacionavam o branco com "bom" e "bonito", e a cor negra com "mau" e "feio".

Em um de seus estudos mais conhecidos, publicado em 1939, Clark selecionou meninos e meninas, entre três e cinco anos, de colégios segregados da cidade de Washington. Naqueles anos, a segregação racial nos colégios era legal. Depois de lhes mostrar desenhos de crianças de raça branca e negra, pediu-lhes que selecionassem qual se parecia mais com eles. Aproximadamente metade dos participantes escolheu desenhos de crianças de raça branca. Essa porcentagem diminuía com a idade. Segundo o autor, a consciência da identidade racial durante os primeiros anos estava distorcida pelo status social superior da raça branca na sociedade americana. Os estudos de Clark sobre os efeitos nocivos da segregação racial foram citados pela Corte Suprema dos Estados Unidos em sua histórica sentença de 1954, que proibiu a segregação nos colégios.

Se para muitas pessoas a cor da pele é importante, para as mulheres — e alguns homens — conta muito um corpo delgado, belo e juvenil. E apesar de, com frequência, "as aparências enganarem", as investigações sobre os efeitos do atrativo físico — como as do estudo da psicóloga Nancy Etcoff, da Universidade de Harvard — demonstram que a beleza não agrada somente ao observador, mas que as pessoas avaliadas por jurados independentes como "muito bonitas" costumam manifestar um melhor conceito de si mesmas do que as consideradas de aparência comum.

Hoje, vivemos em um mundo no qual o físico se impõe. De fato, a consciência de que o físico importa muito está tão disseminada e arraigada que a obsessão por conseguir um corpo perfeito, por definição irreal e inalcançável, é uma fonte ostensível de desencanto. A luta das mulheres para alcançar a figura ideal que lhes impõe a cultura de nossos dias — e que a maioria delas aceita — e seu silencioso anseio por se libertar do chamativo estigma que considera a suposta imperfeição física são muito duros e contraditórios. Esse problema, que examinarei com detalhes em um capítulo posterior, é bastante frequente entre as jovens para quem não há nada mais importante na vida do que alcançar a tão sonhada silhueta que é glorificada pela indústria da beleza.

Como consequência dessas expectativas, a cirurgia estética se converteu na especialidade médica mais florescente e lucrativa de nossos tempos. Por exemplo, nos Estados Unidos, segundo os dados da Sociedade Americana de Cirurgiões Plásticos, em 2004, cerca de dois milhões e meio de pessoas — a maioria mulheres — se submeteram a intervenções cirúrgicas cosméticas para melhorar sua opinião a respeito de si próprias. Embora as operações mais populares sejam a lipoaspiração e o aumento dos seios, a cirurgia do rosto é a que mais diretamente afeta a imagem mental que a pessoa elabora de si mesma. Sem dúvida, o rosto possui o imenso preço de ser um vivíssimo espelho da alma, a tela principal onde se refletem as emoções que sentimos e onde se deixa ver o rastro da passagem dos anos.

Nos últimos dias do mês de novembro de 2005, uma mulher francesa de 38 anos recebeu um maravilhoso presente no Hospital Universitário de Amiens: um rosto novo. Seis meses antes, a mulher tinha ficado terrivelmente desfigurada devido a graves mordidas infligidas por seu cachorro, aparentemente enquanto ela dormia profundamente depois de ter ingerido alta dose de soníferos. Os generosos doadores foram os familiares de outra mulher hospitalizada, que se encontrava inconsciente em estado de morte cerebral. O transplante do novo rosto — que incluiu lábios, nariz, queixo e parte das bochechas — não teve precedentes na História.

Contam os médicos que 24 horas depois da estafante intervenção a paciente despertou e, após se olhar no espelho, pegou papel e lápis, e escreveu: "Obrigada!" Mais alentador é que três dias mais tarde, mostrando sua nova aparência, disse afirmativamente em voz alta: "Esse é meu rosto... só quero viver uma vida normal, sem que me rejeitem a toda hora." Isso porque uma experiência que compartilham as pessoas que sofrem deformações faciais é observar a enorme dificuldade que têm os demais, entre eles aqueles que lhes são mais queridos, em aceitá-las ou simplesmente em olhá-las nos olhos.

A ideia de um transplante de rosto é quase um tema de ficção científica para os que imaginam pessoas andando com o rosto de outro na rua. Coloca, ademais, o dilema de alentar uma sociedade vaidosa e decadente. No entanto, não são poucos os que percebem nessa operação de substituição um enorme potencial, um grande passo na luta para aliviar o sofrimento, diminuir o estigma e melhorar a autoestima de pessoas desafortunadas que padecem de desfigurações faciais cruéis e, para muitas, insuportáveis; como ilustra a comovente carta da jovem desesperada na citação que abre este capítulo.

Não há dúvida de que, além de representar nossa identidade como seres sociais, o rosto e suas expressões constituem, desde a mais tenra idade, um componente fundamental na conexão afetiva com as pessoas do mundo circundante. Além disso, algo intuído há muitos anos pelo naturalista Charles Darwin foi demonstrado cientificamente: as contrações dos trinta músculos que configuram as expressões faciais, embora sejam em princípio provocadas artificialmente, terminam por produzir em nós sentimentos genuínos. Hoje sabemos com certeza que as expressões do rosto podem ser resultado e causa de emoções prazerosas. Ou seja, rimos porque estamos alegres e estamos alegres porque rimos. Nesse sentido, o novo sorriso da mulher francesa não só lhe servirá apenas para expressar alegria, mas também para senti-la.

É lógico pensar que as pessoas que se sentem estigmatizadas pela sociedade na qual vivem vão achar mais difícil o desenvolvimento de um conceito realista e favorável de si mesmas. Não obstante, o poderoso afã humano de superação permite, sem dúvida, que qualquer um que consiga vencer as barreiras sociais nas quais se encontre enredado saia fortalecido da batalha e, como ocorreu com Clark e sua mulher, consiga abrir o caminho incentivando outros a defender construtivamente a liberação de suas opressões.

Assim, pois, entre os marcados pelo desapiedado estigma, há aqueles que conseguem corrigir com êxito o que consideram ser o motivo concreto de sua marginalização: há muitas pessoas analfabetas que aprendem a ler e a escrever, e a maioria dos afetados por doenças físicas ou mentais busca tratamento. Existe até mesmo aquele que não só tenta apagar seu "defeito", mas que luta por superá-lo, alcançando o extremo oposto. Conheço várias pessoas com terrível fobia de viajar de avião que não descansaram até pilotar, eles mesmos, um pequeno avião. Proliferam os exemplos de pessoas cegas que se converteram em alpinistas, e de doentes paraplégicos, incapazes de mover a metade inferior do corpo, que são excelentes atletas.

É um fato que há pessoas que transformam suas imperfeições em talentos, que crescem na adversidade. Mais que escravos de um destino, são os próprios criadores dele. São homens e mulheres que convertem desvantagens em uma espécie de centro vital ao redor do qual reorganizam valores e expectativas, e constroem uma vida muito gratificante e criativa. Isso é provavelmente o que tinha em mente Anya — a espevitada menina de doze anos que mencionei no primeiro capítulo e a quem perguntei sobre o motivo da sua alta autoestima — quando compartilhou comigo o seguinte verso:

Brindemos pelas crianças que são diferentes,
crianças com orelhas enormes e narizes intermináveis,
crianças chamadas de loucas ou tontas,
crianças que não se encaixam,
e crianças que dançam em um ritmo diferente.
Porque, quando crescerem,
como demonstra a História,
será sua diferença o que os fará únicos.

Apresentação do "eu"

"As pessoas são como atores que atuam para os demais, mas atuam de forma muito diferente quando estão no cenário do que quando atuam entre bastidores."

Erving Goffman, *A representação do eu na vida cotidiana*, 1959

O conceito de si mesmo, apesar de ser fundamentalmente privado, é representado no cenário social por meio de nossa aparência física, nossas expressões, nossas atitudes e nosso comportamento. Tentamos mostrar determinada identidade pública porque ela nos ajuda a manter e a reafirmar nossa identidade privada, ou a imagem que elaboramos de nós mesmos. Para que nos vejamos como a pessoa que queremos ser é imprescindível que nossas atuações na frente dos demais sejam consequentes, que o perfil público seja coerente com o conceito privado. A ideia subjetiva de si mesmo necessita de apoio da imagem que projetamos. Daí a importância de considerarmos a apresentação pessoal.

A entrada em cena

É possível, leitor, que você tenha crescido em uma dessas famílias — cada dia mais frequentes — em que os pais insistem em que ninguém deve ficar preocupado com o que pensam os demais. Por certo, entre os nova-iorquinos, são muito comuns conselhos como "seja você mesmo!", "faça as coisas em seu próprio ritmo, e não se preocupe com como os outros fazem". Apesar dessas bem-intencionadas recomendações, a verdade é que, desde pequena, a pessoa percebe que a opinião que os demais têm dela pesa muito, traz consequências.

Quase todas as pessoas pensam de vez em quando sobre a impressão que criam nos outros, e não poucas vivem quase obcecadas com sua aparência. Por isso, comportam-se da forma que, na sua maneira de ver, é a melhor para causar a impressão particular que desejam nos que as observam. Isso se nota na escola, entre os colegas e na presença dos professores, que devem avaliar nosso nível de aprendizado; no trabalho, entre as pessoas que devem valorizar nossa eficácia ou rendimento; nos relacionamentos familiares, de amizade, e nas relações amorosas. Grande parte de nossa vida depende, de alguma maneira, de como somos julgados pelo outro e, nessa interação, o perfil externo que refletimos de nós tem muito peso. Realmente, são poucas as ocasiões sociais significativas nas quais podemos ficar totalmente despreocupados a respeito de como somos percebidos e julgados.

Não é preciso estudar psicologia para perceber que a maioria das pessoas modela ou desenha sua personalidade diante dos outros mais ou menos conscientemente. Algumas vezes procuram reafirmar a própria imagem; em outras, melhorá-la; frequentemente tentam facilitar a comunicação, ou ter boa "química", com seus interlocutores. Por exemplo, como mostra de bom-senso e de consideração, ninguém fica se gabando de seu ótimo estado de saúde na frente de alguém que acaba de ser diagnosticado com uma grave doença. Mas nas variadas representações sociais às quais a vida nos obriga, encontramos também pessoas que tentam passar uma imagem de si próprias que se parece muito pouco com a verdade. Invariavelmente, seu objetivo é ocultar algum traço que consideram negativo, embora, às vezes, apenas busquem conseguir que os demais respondam de acordo com seus interesses. Sob circunstâncias de enfrentamento, certos indivíduos pretendem intimidar o adversário apresentando um caráter violento, apesar de serem, na realidade, pacíficos. Tampouco falta quem premeditadamente aspire convencer os outros de sua ingenuidade ou confusão para livrar-se da própria responsabilidade depois da realização de algum ato maldoso que revelaria uma ideia negativa de si.

A forma de nos apresentar perante os demais está também influenciada por nossa necessidade de manter um nível aceitável de autoestima e de nos sentirmos bem interiormente. Exibir aspectos atrativos ajuda a obter a aprovação do outro, o que, por sua vez, ampara ou melhora a autovalorização. Portanto, é razoável deduzir que, se queremos proteger o conceito positivo que temos de nós mesmos, faz sentido nos esforçarmos para apresentar uma aparência favorável.

As pessoas, com poucas exceções, também dedicam bastante energia em mostrar uma imagem concreta com o objetivo de verificar que a noção de si mesmas é correta. Vejam este exemplo: está comprovado que pessoas que querem projetar uma figura de liderança tendem a se sentar na cabeceira da mesa, enquanto os que preferem passar mais inadvertidos escolhem lugar mais periférico.

Pessoas que se valorizam muito e estão satisfeitas consigo, quando se apresentam, vão estar primordialmente motivadas pela necessidade de confirmar sua alta valorização. Isso faz com que se esforcem por exibir sempre perfil positivo, ainda que, às vezes, a atitude implique riscos. De modo semelhante, aquelas que não se valorizam muito nem estão satisfeitas consigo, ao se apresentarem publicamente, tentam fazer o possível para incrementar ou melhorar sua imagem. No outro extremo estão as que se valorizam pouco, mas que não sentem a necessidade de mudar essa percepção de si. Estas, quando surge a oportunidade de se apresentarem aos demais, o fazem de modo que confirme sua baixa opinião. Para essas pessoas, a segurança do que conhecem é preferível à incerteza da mudança ou da renovação. Mudar a noção de si mesmas, embora seja para melhor, é muito difícil.

Controlar ou cuidar da maneira de se apresentar perante os demais não é necessariamente uma atividade negativa que implique manipulação, insegurança ou vaidade. Prestar um grau razoável de atenção à impressão que projetamos nos outros é saudável e útil, pois ajuda a nos adaptar a certas situações, bem como conviver com elas e delas tirar proveito. Levar em conta nossa aparência, avaliar o significado ou o alcance da informação que compartilhamos e ser conscientes de nosso comportamento é algo básico quando queremos nos relacionar, seja na intimidade ou, com frequência, trabalhamos em grupo ou participamos de atos públicos.

Embora a ideia de adaptar nossa identidade pública às circunstâncias possa ser tachada de hipocrisia, o conjunto majoritário de comportamentos e condutas que as pessoas exibem perante os demais não significa um engodo. É certo que há aqueles que mentem descaradamente sobre quem são, mas, no geral, a apresentação de nós mesmos que fazemos em público consiste em dar maior peso ou relevância a certos traços que realmente possuímos, com o objetivo de ressaltar o que nos convém mostrar ou, pelo contrário, guardar as aparências e dissimular os aspectos que não nos interessa mostrar. A finalidade é dar a impressão que consideramos apropriada ou benéfica em determinadas circunstâncias. No fundo, o que a maioria busca é a aceitação e a aprovação dos demais.

É razoável pensar que as pessoas teriam muito mais dificuldades quando fossem se relacionar, negociar situações delicadas ou conseguir certas metas se não tivessem essa capacidade de modelar a aparência, o próprio comportamento, o estilo de comunicar suas intenções, ou a informação sobre si mesmas que fazem circular.

Contudo, se o objetivo é fingir sentimentos ou traços da personalidade na frente dos demais, com poucas exceções, antes ou depois, a representação falha e esse tipo de gente é desmascarada; notam-se suas verdadeiras intenções. Isso acontece porque manter uma forma de ser que não é real consome muita energia psíquica. Quase todos os mentirosos compulsivos passam por situações constrangedoras e acabam por ter de recorrer a técnicas desastrosas de reparar o dano que eles mesmos perpetraram à sua imagem. Ser crível ou confiável é um fator decisivo na construção de nossa identidade social. Se os demais nos julgam como falsos, a capacidade para nos relacionar e ter um impacto no grupo se desmorona. Tal fracasso termina por soterrar o conceito que temos de nós e a autovalorização.

Algumas vezes, a motivação por mostrar certa aparência é tão forte que se chega a cair em condutas autodestrutivas. Todos nós conhecemos alguém que, com o objetivo de ser aceito pelos demais, ser complacente com as expectativas de outros, ou manter uma personalidade pública idealizada, opta por comportamentos arriscados. Esses comportamentos podem abranger desde fumar até submeter-se a dietas perniciosas, passando pelo consumo de álcool e drogas, ou bronzear a pele sem proteção contra os raios cancerígenos ultravioleta.

O psicólogo experimental Mark L. Leary e sua equipe da Universidade Wake Forest, da Carolina do Norte, estudaram alguns dos efeitos daninhos associados com essa necessidade de dar determinada impressão melhorada de si mesmo. Em um amplo estudo com adolescentes, observaram que um terço dos meninos e das meninas reconhecia ter realizado atos perigosos, como conduzir a velocidades temerárias, lutar à base de socos ou pular de pontes de altura elevada para impressionar seus acompanhantes e demonstrar alto nível de coragem. Mesmo quando estavam conscientes do risco, a ânsia de representar certa personalidade ou o temor à possível deterioração de sua figura pública eram forças ainda superiores ao medo de perder a integridade física.

Não só há pessoas que procuram um risco desnecessário para reforçar seu "ego" em público, mas abundam as que resistem a se proteger em situações normais, mas potencialmente perigosas. Por exemplo, apesar das intensivas campanhas de educação sobre a Aids e a ênfase publicitária no sexo seguro, uma porcentagem muito alta de jovens não toma precauções. Isso explica o fato de, somente nos Estados Unidos, em 2005, terem sido diagnosticadas seis mil novas infecções pelo vírus da Aids transmitidas por sexo em menores de trinta anos; de as doenças venéreas serem tão frequentes e difíceis de erradicar, apesar da existência de meios para isso; e de que a cada ano um milhão de adolescentes engravidem. O preocupante é que, nas pesquisas sobre esse tema, um mínimo de 10% dos participantes afirma que não usa preservativo, mesmo tendo acesso a ele, por medo de que o parceiro leve a mal ou que se rompam o "encanto" e a espontaneidade do momento. Pessoas que sabem que são portadoras do vírus maligno, inclusive, não insistem em usar preservativos por temor a criar mal-estar ou suspeita no companheiro. Uma das conclusões mais preocupantes desses estudos é que a razão mais frequente pela qual as pessoas não usam preservativos, apesar da consciência dos perigos, é que lhes dá vergonha comprá-los ou usá-los por causa do que os outros possam pensar.

Essa mesma inquietude com os danos à imagem pública é o que faz que muita gente resista a procurar um médico, mesmo que isso repercuta perigosamente em sua saúde. Alguns que contam com recursos econômicos o fazem de maneira sigilosa. Não são poucos os europeus ou latino-americanos que são vítimas de câncer, de doenças do coração ou de depressão, mas que optam por buscar ajuda médica em Nova York, não tanto porque o tratamento possa ser mais eficaz, e sim para evitar os possíveis efeitos prejudiciais à sua reputação no círculo social ou na comunidade às quais pertencem, ou mesmo na empresa.

O impacto do "o que eles vão dizer?" é particularmente devastador no âmbito das doenças mentais. De fato, a barreira mais resistente que se interpõe no tratamento dessas doenças, que hoje em dia ou podem ser curadas ou aliviadas, é o medo dos afetados do que os outros possam pensar. Ouvi incontáveis vezes frases como "não quero que achem que estou louco" ou "pensarão que sou fraco" em bocas de homens e mulheres destroçados por doenças que, se tivessem sido tratadas a tempo, teriam lhes poupado, bem como aos entes queridos, anos de tormento.

Aparências e disfarces

Embora os demais reparem, em geral, em nossos gestos e no aspecto exterior, a palavra é o meio que melhor dominamos e o que costumamos utilizar para nos apresentar, revelar e compartilhar com outros as fases de nossa vida.

Quando viajo sozinho a alguma cidade que não conheço bem, gosto de passear tranquilamente pelas ruas, visitar lugares concorridos e tentar estabelecer diálogo com pessoas. Chegado esse momento, confesso que tento evitar dizer que sou psiquiatra. O motivo é que, quando se inteiram de minha profissão, tudo parece mudar. Uns emudecem e educadamente "fogem" de minha companhia, talvez por temor a serem "analisados" contra a vontade, ou por medo de que eu possa ler seus pensamentos mais ocultos, algo obviamente impossível. Outros, pelo contrário, se aproximam, abrem os corações e, sem levar em conta que sou um simples turista, me relatam com todos os detalhes os problemas mais íntimos, empenhados em converter esse encontro fortuito e amigável em uma verdadeira sessão psicológica. Tampouco faltam os que, sem o menor constrangimento, se lançam a questionar a validade da minha especialidade. "Sinto dizer, amigo", afirmam com sinceridade, "que sou um desses que não acreditam na psiquiatria". Em algumas ocasiões, cheguei a encontrar pessoas que, com muita cortesia, colocaram em dúvida a sensatez e o equilíbrio mental dos colegas de minha profissão.

Além da palavra, também utilizamos conscientemente elementos não verbais para moldar a autodefinição perante outros. É bem sabido que a forma de vestir, as expressões faciais, as posturas, os gestos, o olhar, a disposição, o tom de voz e tudo que constitui a chamada "linguagem corporal" dão pistas sobre nosso estado de ânimo, nossas opiniões, nossas intenções e nossa maneira de ser.

As emoções não são sentidas apenas por nós; ainda que não as comuniquemos verbalmente, são transmitidas aos outros. A maneira com que expressamos ou dissimulamos os sentimentos e a carga emotiva que damos às palavras dizem muito sobre nós e a respeito de nossa capacidade de conexão genuína com os que nos escutam. Conta-se que o romancista americano Mark Twain (1835-1910) estava se vestindo com muita pressa certa manhã quando notou que faltava um par de botões na única camisa limpa que tinha no armário. Twain se enfureceu e começou a soltar vários impropérios e blasfêmias. Quando a raiva passou, surpreendeu-se ao ver na porta do quarto sua mulher, que, muito brava, mas sem levantar a voz, repetiu pausadamente um por um cada palavrão que ele tinha falado. Quando acabou, olhou silenciosamente para o marido, esperando deixá-lo envergonhado. Twain refletiu um segundo e, com um piscar de olhos, respondeu: "Querida, você tem as palavras, mas falta a melodia."

Somos conscientes — e muitos estudos demonstram — de que percebemos mais favoravelmente as pessoas que expressam emoções positivas que as que comunicam emoções negativas. O sorriso, unido ao contato visual, é um bom exemplo de expressão que, em geral, serve para comunicar jovialidade, entendimento e aceitação a outra pessoa. Pelo contrário, há estados de ânimo que provocam rejeição e distanciamento nos outros. À maioria das pessoas não é nada fácil compartilhar tempo ou atenção com pessoas melancólicas, derrotistas, reclamonas, irritáveis ou suspeitas, que veem tudo cinza e irradiam pessimismo e amargura.

O físico é um fator muito relevante na elaboração de nossa identidade social. Está demonstrado que homens e mulheres fisicamente atraentes quase sempre são julgados, ainda que à primeira vista, como mais capacitados socialmente, mais exitosos e até mais competentes que o grupo menos favorecido em aparência ou beleza externas. Não é de estranhar que tanta gente invista enormes recursos, tanto emocionais quanto materiais, na tentativa de melhorar a aparência física.

É claro que nem todos têm o mesmo conceito do que é uma pessoa atrativa, mas — como mencionei no capítulo anterior em relação ao estigma social — a influência da moda, das prioridades culturais e da poderosa indústria da beleza e da cosmética é muito forte. As decisões de uma mulher de cortar o cabelo ou mudar o penteado, ou a de um homem de dar uma aliviada nas rugas do rosto, não só estão baseadas nas preferências pessoais como também na noção de como acreditam que serão percebidos e julgados pelos outros. O mesmo ocorre com a forma de vestir.

"As pessoas o tratam segundo o veem", sustenta a sabedoria popular.

A apresentação de si mesmo tem também muito que ver com as pessoas com as quais nos associamos em público. "Diga-me com quem andas e te direi quem és", nos adverte o velho ditado. Desde pequenos, quando começamos a ir à escola, já somos conscientes da "glória por associação". Em geral, as pessoas querem se relacionar com indivíduos considerados poderosos, famosos, atraentes, populares, que gozam de alta estima social. O efeito oposto também é certo: geralmente não gostamos de ser vistos com pessoas de má fama, desprestigiadas, fracassadas ou que caíram em desgraça. Um detalhe curioso: nos Estados Unidos há muita gente que coloca cartazes ou adesivos eleitorais de seus candidatos favoritos na própria casa ou na vitrina de sua loja. Mas, quando as urnas dão o veredicto, o cartaz do candidato derrotado é retirado em seguida, enquanto os dos vencedores demoram muito mais para desaparecer. Algo parecido ocorre quando se trata de um presidente desprestigiado — como é o caso de George W. Bush —, com quem seus correligionários republicanos evitam aparecer em fotos a todo custo, para não contaminar a própria imagem e perder "popularidade por associação".

O entorno físico no qual nos movemos e os objetos com os quais nos rodeamos são outros dois fatores que contribuem para formar nossa identidade pública. As pessoas estabelecem opiniões muito diferentes da mesma jovem se a veem dirigindo um Mercedes último modelo ou uma caminhonete; se estiver lendo um jornal considerado de esquerda ou um de direita, a revista *Playboy* ou o encarte paroquial; se trabalha em um escritório espaçoso, com ótima vista, ou em um cubículo. A casa onde as pessoas vivem também dá pistas aos demais, como os móveis que temos ou os quadros que penduramos na parede. Nossos interesses, gostos, a comida que escolhemos e muitas outras atividades que fazemos em público, do mesmo modo, ajudam a configurar nossa imagem.

A quantidade de atenção e esforço que emprestamos à aparência ou ao perfil públicos varia de pessoa a pessoa, e também em relação à mesma pessoa, dependendo de seu estado emocional, da situação na qual se encontra ou do momento em que vive. Certas pessoas quase nunca param para pensar na impressão que causam: tendem a passar por alto no que os outros possam opinar sobre elas, pois não lhes importa em nada. Como é certo que há momentos nos quais, apesar de estar em um lugar público, não somos conscientes de estar sendo observados nem da possibilidade de que outros estejam formando uma opinião sobre nós. Isso é inevitável e ocorre com todos. A situação oposta ocorre quando toda nossa atenção se centra na sensação quase obsessiva de que os demais não tiram os olhos de nós, julgando-nos e nos avaliando.

As situações que provocam os piores estados de ansiedade em um contexto social são aquelas nas quais o indivíduo quer dar certa impressão perante os demais, mas está convencido de que não conseguirá. A excessiva ansiedade social pode angustiar especialmente aqueles que se encontram em situações transcendentes para o conceito de si mesmos e a imagem pública que possuem. Por exemplo, quando devem conversar com personagens em posição de autoridade, ou diante de um grupo amplo de pessoas. Naturalmente, quanto mais importante seja para a pessoa causar determinada impressão, e menos segura ela se sinta de poder consegui-lo, mais ansiosa ela vai se sentir. No capítulo sobre introspecção, já descrevi os casos mais sérios de fobia social.

A preocupação excessiva sobre que impressão causamos impulsiona muitas pessoas a se preparar de antemão antes de se expor ao olhar curioso e perscrutador dos outros. Há os que conseguem isso relaxando, fazendo exercícios, ensaiando ou mesmo se automedicando com drogas tranquilizantes, ou bloqueadores de adrenalina, ou tomando "uns copos" para atuar melhor no cenário. Muitas vezes, porém, passam dos limites, uma vez que os efeitos intoxicantes dessas substâncias diminuem e até eliminam a discrição e a saudável avaliação do julgamento alheio, sufocando a sensatez e o autodomínio, ou desfigurando a realidade.

Nível de maquiavelismo

Essas observações que descrevi foram investigadas em profundidade alguns anos atrás pelos psicólogos experimentais Richard Christie e Florence Geis. Esses especialistas estudaram a capacidade das pessoas para manipular a apresentação de si próprias em situações de grande competitividade, como as que se sucedem, por exemplo, entre os diretores de empresas, ou na relação entre advogados e juízes. Depois de revisar diversas formas de medir essa habilidade ou talento especial, decidiram recorrer ao famoso filósofo florentino Nicolau Maquiavel (1469-1527).

Falando em termos concretos, Christie e Geis criaram escalas baseadas no nível de conformidade das pessoas com certas atitudes que são refletidas em *O Príncipe*, o livro de instruções que Maquiavel dedicou a seu mecenas, o príncipe Lourenço de Médici. A ideia principal do filósofo, segundo resumiu no Capítulo 18 de sua interessante obra, consistia em que "um príncipe não necessita possuir de verdade todas as virtudes — honradez, generosidade, dignidade, firmeza de caráter —, mas sim devia aparentar que as possuía". De fato, explicava Maquiavel, ter todas as virtudes e ajustar-se sempre a elas podia ser prejudicial, enquanto dar a impressão de que as possuía era útil. Por esse motivo, "é preciso estar disposto a mudar e atuar segundo soprem os ventos da sorte e as circunstâncias do momento". Quanto à percepção dos demais, o brilhante escritor florentino tinha claro: "Geralmente, os homens julgam com os olhos, e não com as mãos, pois todos os homens verão o que você aparenta ser, e só uns poucos saberão o que você realmente é". As recomendações do mestre ao príncipe consistiam em estratégias úteis que este deveria utilizar para se apresentar e atuar perante rivais e súditos com o objetivo de obter apoio e manter o poder, especialmente em situações nas quais a verdade ou a ética não serviam a seus interesses.

Entre parênteses, direi que, depois de ler sobre Maquiavel e sua obra, me chamou a atenção que esse personagem, que durante séculos deu seu nome à duplicidade e à hipocrisia — e não eram poucos os que pensavam que ele tinha sido inspirado pelo diabo —, tenha sido, na época, um defensor da liberdade e um bom cidadão, patriota leal de sua amada Florença.

Pois bem, voltando aos investigadores Christie e Geis, depois de testar as escalas e ajustá-las até alcançar um nível de confiabilidade cientificamente aceitável, começaram a medir a aptidão das pessoas para moldar sua apresentação em público, a que deram o nome de nível de inclinação "maquiavélica". Alguns exemplos de afirmações respaldadas por pessoas com alta inclinação "maquiavélica" são relativamente conhecidos e formam parte de nossa cotidiana "gramática parda": "Nunca revele a ninguém o verdadeiro motivo de suas ações, a não ser que ganhe algo com isso"; "a melhor forma de direcionar os demais é dizer-lhes o que querem ouvir"; "é sábio bajular as pessoas importantes"; ou "qualquer um que confia completamente em outra pessoa está procurando problemas".

Os indivíduos com níveis altos de maquiavelismo tendem a manipular sua apresentação em público seguindo esse tipo de estratégia para controlar a situação e poder, assim, influenciar na avaliação que os demais fazem deles. Frequentemente, não é tanto questão de sinceridade, mas sim de relativismo, de um certo pragmatismo. Por exemplo, selecionando ou "editando" a informação que dão, ou modelando as opiniões que expressam para que sejam mais coerentes e não se contraponham às expectativas da outra pessoa. Alguns dispõem dessa habilidade para manipular a informação com a qual tentam persuadir os interlocutores; são mais eficazes e resistem melhor às pressões destes que outros. Quando debatem temas controvertidos, sobre política ou religião, por exemplo, sentem-se mais cômodos e tranquilos que seus opositores.

Em um interessante experimento com meninos e meninas de dez anos, Dorotea Braginsky, psicóloga da Universidade de Connecticut, demonstrou que comparando crianças com altos índices de maquiavelismo com outras que mostravam níveis baixos, as primeiras conseguiam com muito mais frequência convencer os amigos do colégio a fazer coisas, ainda que desagradáveis, como comer bolachas muito amargas previamente polvilhadas com quinina. Embora ingerir bolachas azedas não tenha maiores consequências, é um fato que não faltam pessoas que, se encontrando em uma posição de autoridade, utilizam todo tipo de técnicas manipuladoras sem um mínimo de ética que considere os danos. Costumam ser pessoas muito ambiciosas e sem escrúpulos, que não aparecem, nem competem ou argumentam abertamente, e conseguem seus objetivos envolvendo de modo sutil seus semelhantes e impedindo com argúcia que eles decidam livremente.

Outra tática maquiavélica para modelar nossa apresentação é ocultar ou excluir completamente a informação que achamos que pode nos prejudicar. Essa estratégia é a preferida pelos que se sentem mais confortáveis silenciando que manipulando ou simplesmente enganando. Em minha experiência, esse tipo gosta muito de carregar nas costas um pesado saco de segredos pessoais. Ninguém duvida que todos guardemos segredos sobre aspectos, comportamentos ou experiências que nos diminuiriam perante os olhos dos outros. Proteger a qualquer custo certos segredos pode ser conveniente e aconselhável no momento de nos apresentarmos a outras pessoas em determinadas situações. No entanto, com o tempo, a carga que supomos manter intacto nosso arquivo de segredos pessoais acaba sendo prejudicial à saúde, especialmente quando se trata de experiências emocionais intensas.

Embora quase todos nós desejemos projetar uma imagem que se aproxime o máximo possível do nosso ideal, o mais fácil é apresentar uma aparência que seja congruente com o conceito de nós mesmos. Tanto melhor se queremos que os demais nos vejam como somos na realidade porque já nos sentimos cômodos assim como somos. Não podemos esquecer que a impressão pública que tentamos passar pode consolidar a ideia pessoal de nós mesmos — especialmente se não há muita discrepância entre ambas —, e, além disso, pode ser reforçada se recebemos uma resposta afirmativa dos outros. Isso tem mais probabilidades de ocorrer quando não há grandes diferenças entre o que somos e o que aparentamos ser. Quer dizer, quando, como dizem os especialistas em imagem, "somos a mensagem".

Funções executivas

"Os lobos não entendem de remorso, nem os leões nem os piolhos conhecem a vacilação. Para que se questionar se sabem que têm razão? Nesse planeta do Sol ter sempre a consciência clara e livre de dúvidas é o sinal paradigmático das bestas."

Wislawa Szymborska, *A honra de sentir-se mal consigo mesmo*, 1976

Uma qualidade humana por excelência, fruto de ser conscientes e observadores de nosso "eu", é a capacidade executiva de regular pensamentos, emoções e condutas. É certo que os animais mais inteligentes podem tomar decisões baseadas na avaliação de probabilidades de êxito quando têm de sobreviver ou se defender. Por exemplo, as raposas em perigo simulam estar mortas para despistar o agressor e os chimpanzés mancam ostensivamente na presença de um macho dominante para salvar a pele. No entanto, existem diferenças fundamentais entre esses companheiros do reino animal e nós. Os seres humanos se movem principalmente sob influência de significados conotativos, conceitos abstratos, suposições teóricas e figuras simbólicas.

Administrar a vida

A consciência do futuro está firmemente vinculada a nossa existência. Não transcorrem muitos minutos sem que pensemos sobre o que vamos fazer mais tarde, amanhã, no mês que vem ou em muitos anos. Com ajuda do sentido de futuro, as pessoas podem antecipar as consequências de seus atos, tomar medidas ou escolher comportamentos que facilitem sua segurança ou bem-estar, e programar as decisões com o intuito de alcançar as ilusões que nutrem e as metas que estabelecem. Ao mesmo tempo, nossas funções mentais executivas nos permitem avaliar o desejo de conseguir algum objetivo possível, administrar nossa energia, planejar a estratégia, estabelecer um critério para julgar o resultado de nossos atos e controlar os impulsos que possam interferir em nossos planos.

Isso não quer dizer que tudo o que fazemos seja resultado de um processo de deliberação consciente. Grande parte dos comportamentos humanos é automática. Mas a maioria dos atos que governam nossa vida é consequência de decisões que tomamos depois de refletir e analisar, ao menos por uns segundos, diversas alternativas. Por exemplo, nas relações cotidianas, com frequência pensamos se devemos dizer que não estamos de acordo ou se devemos fechar a boca; se rejeitamos algo de que não gostamos ou se devemos tolerá-lo; se enfrentamos ou nos retiramos. Todos já nos esforçamos de algum modo para prestar atenção em alguém que não conseguia se explicar bem, ou para ficar acordado ao volante durante a noite. Invariavelmente tentamos tirar da cabeça uma preocupação chata que nos distrai da tarefa com a qual estamos ocupados, ou tentamos suprimir o mau humor que nos perturba, ou fazemos um esforço para resistir a desejos inoportunos e dirigir nossa conduta em situações estressantes.

A memória nos ajuda a justificar as decisões e dirigir nossa vida com eficácia. Muitos dos fracassos ou erros devem-se a não termos pensado nas consequências negativas que atos passados teriam.

Para ser mais incisivo, quero lembrar que na psicologia, em geral, usa-se o termo "eu" — também se emprega o vocábulo latino ego — para representar a parte consciente da pessoa que percebe e está em contato com o mundo exterior. E essa é a parte da mente que aloja o "departamento executivo", encarregado de avaliar as situações, planificar, decidir e responder às mensagens do ambiente. O "eu" também está influenciado por forças inconscientes localizadas na zona da mente que Sigmund Freud, o inventor da psicanálise, batizou com o termo "isso", ou *id*, em latim. As principais forças inconscientes são os impulsos instintivos e os desejos de gratificação. O "eu" está influenciado, além disso, pelo "superego", que contém os valores e os princípios morais que, quando somos pequenos, são impostos pelos adultos e pelas normas da sociedade em que vivemos, e que nos estimulam a frear comportamentos inaceitáveis. O "supereu" também inclui os atributos da imagem ideal à qual aspiramos.

As funções executivas, de modo semelhante à clareza interior e à introspecção, consolidam-se pouco a pouco. Quando somos pequenos, à medida que nos tornamos conscientes de nossos desejos, dizemos a nós mesmos as coisas que devemos ou podemos fazer e as que não, de acordo com as instruções que recebemos repetidamente dos adultos. Um exemplo é o menino que faz menção de tentar tocar o copo de cristal no qual sua mãe acaba de dizer para não fazer isso, e repete em voz alta: "Não! Não pode tocar!"

Esses diálogos pessoais ajudam os pequenos a exercer controle sobre os impulsos inaceitáveis e a incorporar em seu repertório as regras de conduta ensinadas pelos adultos. Aprender a dirigir comportamentos é uma tarefa fundamental para desenvolver saudavelmente a capacidade de conviver e se socializar. Todas as culturas regulam de alguma maneira a expressão dos desejos. Uma das responsabilidades da sociedade é, precisamente, prevenir que as crianças façam o que quiserem — por exemplo, riscar as paredes, correr pelo meio da rua ou dar uma pancada na cabeça de seu irmão menor. A capacidade de regular nossa conduta constitui uma faculdade indispensável para poder conviver em harmonia.

Quase sempre, a motivação original dos pequenos para aprender no colégio nutre-se de recordações mentais como esta: "Meus pais e professores ficarão bravos se eu não fizer os deveres". O seguinte incentivo costuma consistir em algo como: "Se não faço os deveres me sentirei envergonhado ou mal comigo mesmo". Com um pouco de sorte, mais tarde, o esforço para aprender no colégio vai ser predominantemente estimulado pelo desejo genuíno de saber ou de alcançar metas pessoais.

Entre os três e quatro anos, as crianças começam a distinguir as diferentes áreas de competência, e a entender que conseguem realizar melhor certas tarefas do que outras. Também descobrem a possibilidade de se compararem com outros. A comparação os ajuda a construir valores mais realistas. Mas, ao mesmo tempo, pode induzi-los a se ver como menos competentes que outros, o que lhes faria se sentir inferiores ou ineptos. As comparações podem ter consequências penosas se o pequeno projetar nelas a diferença que existe entre o que gostaria de fazer e o que acha que pode fazer. A idealização de talentos, quando não consegue abrir caminho porque sua realização é verdadeiramente impossível, ou por se acreditar que seja, dá lugar a decepções.

Os adultos também estão constantemente dizendo coisas a si próprios. "Lembre-se de dar os parabéns a Maria amanhã por seu aniversário"; "desliga a televisão, porque você precisa preparar a conferência de amanhã". Às vezes, as advertências são em voz alta, como as do homem irado que diz a si mesmo: "Acalme-se! Fique tranquilo; também não é para tanto!" Ou a mulher que está escrevendo e lembra a si mesma da regra gramatical: "Vejamos, as palavras oxítonas terminadas em 'em' levam acento". Mais ilustrativo é o caso do tenista que briga com ele mesmo, aos gritos, gesticulando, depois de errar uma bola. Essas conversas pessoais são instrumentos importantes de nossa capacidade executiva e um ingrediente necessário da construção de nosso "eu".

Autocontrole

A capacidade de frear os impulsos de modo consciente, ou de atrasar voluntariamente a gratificação e ir além da situação imediata enquanto perseguimos um objetivo superior, é uma função executiva fundamental dos seres humanos. Essa aptidão torna possível que o homem que está de dieta resista ao canto de sereia do cheeseburger com batatas fritas que o tenta cada vez que passa na frente de um estabelecimento de *fast-food*. À mulher casada, a quem surge a oportunidade de uma aventura amorosa, o autocontrole lhe fará ponderar sobre as possíveis consequências no longo prazo de seu deslize extraconjungal; e ao empregado cansado de seu chefe, o obrigaria a pesar os possíveis efeitos de insultá-lo a gritos antes de extravasar sua indignação.

Postergar uma gratificação imediata de coisas seguras pelo afã de obter no futuro outras melhores, mas incertas, não é empenho fácil. O velho ditado "mais vale um pássaro na mão do que dois voando" é muito conhecido na cultura popular, mas muitas vezes não é conveniente nem aconselhável. Nesse sentido, o papel das funções executivas é configurar estratégias que minimizem o atrativo da gratificação imediata e ressaltem as vantagens de esperar.

Vejamos este exemplo: acomodamos à mesa um grupo de crianças de seis ou sete anos, e à frente de cada uma colocamos um pratinho de chocolates. Em seguida, informamos que vamos deixá-las sozinhas por aproximadamente vinte minutos e que, enquanto isso, podem comer quantos chocolates quiserem do pratinho. Antes de nos ausentar, mostramos uma vasilha repleta de chocolates e dizemos que esse é o prêmio reservado para os que não comerem nenhum até que regressemos. Saímos do lugar e os observamos de fora sem que se deem conta. Os pequenos que melhor resistem à gulosa tentação são os que tentam ignorar sua situação imediata: muitos tapam os olhos com as mãos para não ver os bombons, alguns olham para outro lado, e outros se distraem imaginando o apetitoso prêmio que vão receber pelo esforço de esperar.

A função executiva de autocontrole requer duas coisas básicas: motivação e força de vontade. Segurar nossos impulsos consome bastante energia. Lembro-me de uma investigação realizada no Departamento de Psicologia da Universidade de Case Western Reserve, na qual sessenta jovens, cuja idade média era de vinte anos, metade homens e metade mulheres, se ofereceram para participar de um experimento sobre degustação de alimentos. Foi avisado a todos que deviam estar em jejum por um mínimo de três horas. O laboratório preparou antes o teste e em um forno assaram suculentos biscoitos de chocolate, o que deixou a sala impregnada de um delicioso aroma. Cada participante se sentou a uma mesa onde havia um prato cheio desses biscoitos e outro prato repleto de rabanetes. O investigador explicou que os biscoitos de chocolate e os rabanetes tinham sido selecionados para a prova de percepção do gosto porque eram alimentos comuns, mas muito diferentes. Para a metade dos participantes foi indicado que comessem três rabanetes e, para os outros, três biscoitos de chocolate, durante cinco minutos. Todos foram avisados de que só podiam comer o alimento indicado. Na continuação, o investigador saiu da sala, mas observou os participantes através de uma janela secreta a fim de verificar se cumpriam o combinado. Ninguém descumpriu as regras, embora alguns dos participantes do grupo dos rabanetes olhassem com tristeza para os biscoitos e tivessem chegado a aproximá-los do nariz.

Uma vez finalizada a prova, os participantes preencheram um formulário e foram entrevistados. Como se pode imaginar, os que comeram rabanetes disseram que tiveram de fazer um esforço maior, além de admitirem que resistiram à tentação de engolir os biscoitos. Pelo contrário, ninguém do grupo que comeu os biscoitos de chocolate se sentiu tentado a provar os rabanetes. Em seguida, os investigadores pediram a cada participante — como se fosse algo independente da experiência — que tentasse resolver um desafio. Ele consistia em completar uma figura geométrica com um lápis sem retroceder nem levantar a mão. Podiam demorar o tempo que quisessem. Os sujeitos não sabiam que era impossível resolver o problema. Os que degustaram rabanetes abandonaram a prova muito antes que o grupo dos biscoitos de chocolate. A conclusão dos investigadores foi que o autocontrole tem um custo de energia mental. E a energia mental é limitada.

Isso explica por que, de acordo com algumas circunstâncias, há várias pessoas que cedem rapidamente e se deixam levar pelos acontecimentos. Conhecemos, em nossa experiência, indivíduos passivos, indiferentes ou que preferem deixar as coisas correr sem planejamento ou luta. Alguns optam por poupar energia, outros estão "queimados", e não conseguem realizar suas funções executivas. O nível de energia mental se debilita por muitas razões. Por exemplo, o cansaço físico, a dor, a fome, os estados depressivos. Ninguém sabe melhor que os deprimidos o quanto custa despertar pela manhã. Os sentimentos de frustração, de raiva e de solidão também interferem na capacidade de nos regularmos.

As pessoas que precisam se controlar em uma tarefa concreta apresentam mais dificuldade se, em seguida, pede-se que vivenciem outra situação. A mulher cujo trabalho durante o dia requer muito controle terá mais dificuldade em tolerar, à noite, frustrações em casa. Todos nós passamos pelo momento no qual um pequeno contratempo nos faz saltar e perder o controle. É "a última gota que fez transbordar o copo", dizemos, recordando o dito popular que ouvimos da boca de nossos avós.

As funções executivas configuram uma parte muito importante de nossa identidade particular e dão sentido à própria competência. Mas essas aptidões podem ser inutilizadas por uma ampla variedade de aflições. Em termos concretos, os danos cerebrais produzidos por infecções, por traumas, por acidentes vasculares, por tumores ou por demências alteram as funções executivas. Certos transtornos da personalidade e de conduta, os estados de ansiedade, as enfermidades do estado de ânimo e os distúrbios de atenção relacionados à hiperatividade também as debilitam. Igualmente, as substâncias tóxicas que desinibem, como o álcool e certas drogas, podem interromper a introspecção e desconectar as faculdades encarregadas de proteger a vontade, de pesar o impacto das decisões e de dirigir racionalmente o comportamento.

A habilidade para dirigir e regular as próprias ações também é afetada temporariamente em pessoas que estão sob a influência de grupos indisciplinados, radicais, ou de bandos incontroláveis. Nesses casos, os participantes se concentram em sucessos externos excitantes; as emoções os inebriam e desligam o superego, ou a consciência moral que controla e modera as paixões. Quanto mais se dilui a função executiva em uma coletividade incontrolável, mais alta é a probabilidade de ela perder o raciocínio e a capacidade de se colocar no lugar do outro. Por isso tantas pessoas, quando estão em grupo, chegam a perder a cabeça e a cometer atrocidades que individualmente seriam incapazes de realizar.

4
O termômetro da autoestima

"— Mas não há a quem julgar! — exclamou o Pequeno Príncipe. — Você julgará a si mesmo — respondeu-lhe o Rei. — É o mais difícil. É muito mais difícil julgar a si mesmo que aos demais. Se você conseguir se julgar bem, é porque é um verdadeiro sábio."

Antoine de Saint-Exupéry, *O Pequeno Príncipe*, 1943

Autovalorização

“Não devemos valorizar as pessoas por suas opiniões, mas pelo que suas opiniões fazem com elas.”

Georg C. Lichtenberg, *Aforismos*, 1790

O psicólogo nova-iorquino William James (1842-1910) é o primeiro investigador que analisou metodicamente o fenômeno da autoestima. Suas ideias, apresentadas em 1890 em um texto pioneiro (*Princípios de psicologia*), serviram durante um século de modelo a todos os estudiosos dessa capacidade única dos seres humanos. James estudou medicina na Universidade de Harvard, onde em 1875 estabeleceu o primeiro laboratório de psicologia experimental. A vida de James foi cheia de penosos ataques a sua saúde. Passou longas temporadas viajando pela Europa em busca do alívio que não encontrava em seu país. Sofria de problemas de visão, de estômago, de pele e de surtos de depressão que, segundo ele mesmo conta em sua biografia, fizeram com que considerasse o suicídio. Esse especialista da mente afirmava sem reservas que se dedicara à psicologia para “entender a mim mesmo”, um motivo muito comum entre os membros da profissão. Frequentemente, ele ironizava sobre isso repetindo que “a primeira aula de psicologia à qual assisti foi a primeira que ensinei”.

James sustentava que na hora de nos valorizar costumamos considerar três componentes de nossa identidade. O primeiro e mais importante é o “eu espiritual”. Esse componente contém faculdades mentais, crenças e inclinações mais íntimas, o estilo de pensar, de sentir e de atuar e, definitivamente, os traços de personalidade. Em segundo lugar, situava o “eu social”, qualidades ou defeitos que os outros reconhecem em nós, e a boa ou a má reputação que temos no ambiente social. O "eu material" é o terceiro componente e inclui a imagem corporal, as riquezas, o patrimônio econômico e as propriedades que são importantes para nós.

Recorrendo a seu sentido prático, James apontou que para calcular o nível de autoestima temos de dividir os êxitos entre as pretensões. Se o resultado dessa fórmula matemática simples, totalmente subjetiva, é um ou mais, quer dizer, se os triunfos se igualam às aspirações, ou as superam, a autoestima é positiva. Pelo contrário, se o quociente for inferior a um, ou seja, se os anseios somam mais que as conquistas, o grau de autoestima é negativo. A autovalorização, ele dizia, pode aumentar ao incrementar os êxitos ou quando diminuímos as pretensões.

No entanto, James reconheceu que nem todas as pretensões são igualmente importantes. Por isso, abandonar certas aspirações pode ser um grande alívio. "Como nos sentimos bem no dia em que deixamos de aspirar ser sempre jovens!", declarava. Em seu livro já citado, conta como ele mesmo tinha fantasiado muitas vezes desejos de ser bonito, atlético, rico, engraçado, sedutor, filósofo, filantropo, inventor, guerreiro, explorador, poeta e até santo. Sua conclusão foi que, como essas qualidades não eram todas compatíveis, não teve outro remédio senão escolher umas e suprimir outras. Ainda hoje se consideram válidas, em termos gerais, essas ideias de James, mas os conhecimentos sobre o desenvolvimento, a medida e os ingredientes da autoestima avançaram substancialmente graças a investigações realizadas nos últimos vinte anos.

A capacidade para nos julgar não aparece em um momento determinado, mas surge gradualmente durante a infância. No geral, começa a ser elaborada perto dos quatro anos, quando as criaturas começam a identificar as expectativas de seus pais ou responsáveis e a compará-las com a própria habilidade em cumpri-las. Isso as leva a se sentir bem se seu comportamento corresponde ao que os outros esperam delas; e a se inquietar se não coincide. De fato, os pequenos que não podem satisfazer as esperanças ou ilusões que seus pais têm sobre eles — por pouco realistas ou idealizadas que elas sejam — não questionam o sentido comum de seus progenitores, mas culpam a si mesmos, sentem-se fracassados e se autorrejeitam.

Ingredientes da autoestima global

Tendemos a nos valorizar de modo global. Se prestarmos atenção ao que pessoas confiantes costumam expressar, com frequência perceberemos que dizem coisas como "sinto-me bem do jeito que sou", "considero-me uma pessoa comum" ou "não gosto muito de como sou". Por isso, até pouco tempo atrás, os especialistas investigadores mediam a autoestima exclusivamente em termos globais. O instrumento mais conhecido e utilizado em centenas de investigações foi o *Inventário da autoestima*, elaborado em 1965 por Morris Rosenberg, professor de sociologia da Universidade de Maryland. Essa prova consiste em um questionário simples de dez afirmações. Cito somente alguns exemplos textuais: "no geral, estou satisfeito comigo", "sinto que sou uma pessoa pelo menos tão valiosa quanto as demais", "normalmente me inclino a pensar que sou um fracassado", "gostaria de ter mais respeito em relação a mim". Depois de ler cada uma destas e das asserções restantes, o participante deve decidir entre quatro possibilidades: "totalmente de acordo", "de acordo", "em desacordo" ou "totalmente em desacordo".

Embora nossa autoestima global seja um bom indicador geral de como nos sentimos conosco, a verdade é que não nos traz informações sobre a natureza dos ingredientes que selecionamos para nos autovalorizar. Por isso, é conveniente indagar sobre os aspectos de nossa identidade que devemos levar em conta quando formos "calcular" nossa autoestima global. Por exemplo, ganho pontos porque "sou inteligente" ou porque "sou o mais violento do bando"? Perco pontos porque "odeio pintura" ou porque "as pessoas não gostam de mim"? Adiciono pontos porque "me considero uma excelente enfermeira" ou tiro porque "me vejo gorda e não consigo perder peso"? Conscientes da diversidade dos elementos que configuram a autoestima de cada pessoa, os investigadores desenharam provas parecidas à de Rosenberg, embora mais avançadas, pois se concentram em parcelas específicas do indivíduo.

Susan Harter, professora de psicologia da Universidade de Denver já mencionada, examina há duas décadas com sua equipe mais detalhes da percepção de si mesmo. Seus estudos, iniciados em 1985, demonstram que, desde os primeiros anos da adolescência, as autovalorizações que fazemos estão baseadas em uma série de características que selecionamos. Entre as mais frequentes se encontram os atributos físicos e psicológicos, como a aparência ou a inteligência; a aptidão para nos relacionar com os demais; a competência nos estudos ou o êxito no trabalho; o talento para atividades artísticas ou recreativas; e a habilidade no desempenho de papéis sociais como mãe, pai, marido, esposa, filha ou filho. Nessa balança também costumamos pesar os resultados das comparações que fazemos com as pessoas de nosso grupo e as opiniões que acreditamos que os outros têm de nós.

Lembro-me do caso de um rapaz de treze anos a quem perguntei: "Quanto você gosta de si mesmo?" "Gosto muito de mim", respondeu ele. Em seguida, se explicou desta maneira: "Gosto bastante de mim porque no colégio meus companheiros gostam de mim... Isso acontece porque sou bom esportista, gosto de ajudar os demais, e também porque sei guardar segredos... No geral, sou um bom amigo de meus amigos, embora quando esteja de mau humor possa falar coisas bem duras. Tento me controlar e, quando não consigo, fico com vergonha... Estou bem nos estudos; quer dizer, o normal. Tenho de reconhecer que quase sempre me sinto meio burro em matemática, sobretudo quando vejo como meus companheiros vão bem. Mas a verdade é que não me preocupa muito porque a matemática não é importante para mim..."

Como mencionei no primeiro capítulo, ainda não se inventou um método para medir objetivamente o grau de autoestima das pessoas, como calculamos a temperatura do corpo ou a quantidade de glicose no sangue. De momento, a melhor fórmula para averiguar o nível de autoestima das pessoas é simplesmente perguntar, como fiz com o jovem ao qual acabo de me referir. Quando perguntamos, fica evidente que as autovalorizações — sejam globais ou específicas — têm um componente de pensamento: "o que penso de mim", e outro de sentimento: "como me sinto comigo mesmo". Os dois são inseparáveis. Sempre que opinamos intelectualmente a respeito de nossa pessoa, a opinião vai acompanhada de um tom emocional coerente. De modo que, se nosso juízo de valor é favorável, o sentimento é prazeroso. Mas, se nos consideramos inadequados, nos sentimos mal. Nosso cérebro se encarrega de assegurar essa congruência entre o que pensamos e o que sentimos. Por isso, os pensamentos e as emoções que costumam estar vinculados no extremo positivo da autoestima incluem ideias de competência, de confiança ou até mesmo de orgulho de si mesmo, e os sentimentos de alegria, de segurança e de bem-estar. No extremo negativo, as reprovações ou as condenações de si mesmo costumam misturar-se com os sentimentos de vergonha, de culpa, de decepção e de fracasso.

O estado de ânimo também pode exercer grande impacto sobre a forma de pensar. Talvez o exemplo mais dramático seja a depressão. Esse mal devastador, que descreverei em detalhes mais adiante ao tratar do ódio a si mesmo, caracteriza-se por uma inconsolável tristeza, abatimento, sentimentos de culpa e pela diminuição das funções psíquicas e físicas. A depressão anda sempre acompanhada da exagerada, e até irracional, autodesvalorização. Outro exemplo é a chamada enfermidade bipolar ou maníaco-depressiva. Essa alteração mental consiste em períodos de profunda depressão e autodesprezo que se intercalam com períodos de exagerada alegria, euforia, despreocupação e autoconfiança. Durante as fases depressivas, o foco exclusivo e obsessivo dessas pessoas são os aspectos negativos de si, chegando até mesmo a cogitar o suicídio. Pelo contrário, durante as fases de mania ou euforia, sentem-se superiores e triunfantes.

Além do impacto que a forma de pensar e o estado emocional exercem sobre a autovalorização, existem forças psicológicas e necessidades inconscientes que podem distorcer notavelmente a percepção que as pessoas possuem de si próprias. Por exemplo, a autoestima de alguns indivíduos baseia-se em conceitos que estão mais próximos da fantasia do que da realidade. Mulheres competentes se sentem inaptas, homens altos se sentem baixos, garotas magras avaliam-se como obesas. Mais chamativos ainda são os casos de pessoas que levam vidas exemplares e se autodesprezam ou se consideram "impostoras". Pensam que as conquistas são fruto da casualidade ou da sorte, e não de esforços ou talentos, e que mais cedo ou mais tarde serão "descobertas". Em decorrência, vivem atemorizadas e fogem de situações nas quais possam ser observadas de perto ou corram o risco de "expor" o que consideram uma desprezível identidade.

Como veremos ao examinar o lado obscuro da autoestima, tampouco faltam os desalmados que não sentem o mínimo remorso e se valorizam demasiadamente. Quanto à valorização das opiniões do próximo, há indivíduos convencidos de que os demais pensam o melhor deles, ainda que tenham uma opinião péssima sobre si mesmos. Outros que sabem que não são bem considerados pelos outros guardam um conceito muito positivo de sua pessoa. Algo que sempre me espantou é a força com a qual muitas dessas pessoas se aferram à autovalorização e a resistência feroz que oferecem em mudá-la para outra avaliação mais razoável, até mesmo quando é, além de tudo, mais favorável.

Antes de chegar a uma conclusão definitiva sobre a autoestima de uma pessoa em determinado momento, é conveniente descartar a possibilidade de que sua autoavaliação esteja influenciada por alguma doença psicológica que possa distorcer sua percepção de si mesma.

Normalmente, indivíduos com o mesmo grau de autoestima global costumam diferir nos atributos que consideram importantes. Por outro lado, as características que escolhem para se definir e se valorizar estão sempre vinculadas a certos juízos de valor. Por exemplo, uma mulher não se percebe ou se mede simplesmente por sua condição de "advogada, católica e mãe", mas, além disso, coloca-se a questão de se é uma advogada, católica e mãe "boa" ou "competente". Aqui, a autovalorização que a mulher faz dependerá da combinação de suas expectativas com as da sociedade em que vive. Nesse caso, costuma-se considerar que uma advogada competente deve conhecer as leis, ser persuasiva, eloquente, compreensiva com o cliente, mas, ao mesmo tempo, firme e agressiva em sua defesa; e uma católica praticante deve aceitar com fé o conjunto de dogmas, crenças e práticas relativas à religião católica. Quanto ao modelo de boa mãe, nestes tempos há para todos os gostos. Sem me aprofundar agora nesse interessante tema, entretanto sem deixar de dar minha opinião, acredito que o modelo de mãe razoavelmente boa se configura com vários elementos ou virtudes, como a inclinação para sustentar as adversidades da vida, a aptidão para dar e receber amor, a disposição para situar a felicidade tangível acima de conceitos intelectuais ou abstratos, a repulsa à violência e a preferência pela negociação e pelo compromisso como métodos para resolver conflitos.

A respeito dos atributos mais comuns da autoestima nas modernas sociedades do Ocidente, não se duvida que desde a infância, até passados os sessenta anos, a valorização da aparência física tem um impacto fundamental na autovalorização da maioria das pessoas, sobretudo em relação às mulheres. Importante, assim, é o rosto ou a superfície externa do corpo humano. Devo esclarecer que a beleza objetiva, ou a considerada como tal por "juízes independentes" — apesar de constituir uma suposta vantagem perante os olhos dos professores do colégio ou da universidade, ou para os chefes no trabalho, ou nas agências de emprego, ou sobre o sexo oposto, e favorecer o conceito de si mesmo (como demonstram os estudos de Nancy Etcoff) —, na realidade não está sempre relacionada com a autoestima. Como já mencionei em páginas anteriores, o que conta é a prioridade que a pessoa dá a sua aparência e a percepção e valorização subjetivas que faz internamente de sua imagem física.

Outro aspecto curioso da relação entre a avaliação da aparência física e a autoestima é que, segundo vários estudos, para 60% dos jovens a valorização de seu aspecto é o fator predominante que condiciona seu nível de autoestima, mas essa porcentagem diminui com a idade. A partir dos cinquenta anos ocorre justamente o oposto: o nível de autoestima precede e determina a apreciação de seu físico.

Esse dado tão sugestivo me impulsiona, querido leitor ou leitora, a fazer a seguinte pergunta: Você gosta de si mesma porque se acha bonita, ou se acha bonita porque gosta de si mesma? Embora tenha usado o gênero feminino, a pergunta é perfeitamente aplicável ao homem que leia essas linhas.

A qualidade das relações sexuais afeta a autoestima dos homens e das mulheres. Em nossa cultura, a sexualidade é um aspecto muito valorizado na qualidade de vida. Não são poucos os homens que estão de acordo com a sugestão do conhecido comentário de Woody Allen: "O cérebro é meu segundo órgão favorito" (O dorminhoco, 1973). Para a maioria dos homens, sobretudo jovens, não possuir um pênis de tamanho apropriado ou que funcione adequadamente é quase sempre nocivo para a autoestima. Vários estudos epidemiológicos da população geral indicam que entre 15 e 20% dos homens apresentam algum tipo de problema sexual. Se utilizarmos a popularidade dos medicamentos modernos para facilitar a ereção em homens impotentes como indicador da taxa desse problema, essas porcentagens estão aquém do número real. Em geral, os homens que sofrem de disfunção sexual estão mais inclinados a se culpar que a atribuir o problema à relação do casal. As mulheres, por outro lado, tendem a culpar a relação.

A alta autoestima combinada com o êxito social parece aumentar a intensidade sexual, embora mais nos homens que nas mulheres. Rosemary Basson, professora do Departamento de Ginecologia e Psiquiatria da Universidade canadense de British Columbia, publicou uma análise exaustiva das últimas investigações sobre a baixa excitação sexual subjetiva das mulheres. Esse é um problema que segundo pesquisas globais afeta entre 10 e 40% da população feminina. As conclusões indicam que, à parte as doenças de caráter físico ou conflitos do casal, o fator psicológico que mais frequentemente diminui o desejo e a satisfação sexual das mulheres é possuir um conceito desfavorável de si mesmas. Não são poucas as pessoas que, quando se valorizam, levam muito em conta a influência que exercem as boas ou as más companhias sobre sua autoestima. Ou seja, destacam-se tanto por estarem vinculadas a um personagem respeitável ou influente, e o contrário, se estão associadas com gente desprestigiada ou impopular. Com as posses materiais ocorre algo parecido. Na avaliação de si próprias, muitas pessoas exibem como um troféu as coisas que possuem. Algumas se identificam com suas joias, casas e pertences, até o ponto de incorporá-los a seu "ego".

Um exemplo tão extremo quanto trágico de identificação com as propriedades ocorreu em 2006, em Nova York. A bonita mansão de cinco pisos na elegante rua 62 Leste do bairro de Manhattan, onde residia, era muito mais que uma casa para o doutor Nicholas Bartha. Era parte de sua identidade, de sua pessoa. Uma manhã de julho, esse homem, de 66 anos, agonizante e com 70% do corpo queimado, foi resgatado pelos bombeiros das ruínas da mansão, depois de uma enorme explosão de gás que cobriu, com imensa nuvem de fumaça negra, uma das zonas mais tranquilas da cidade. O ocorrido causou grande assombro depois que a polícia descobriu que tinha sido o próprio doutor que o havia provocado. Dias antes, o juiz que instruía o divórcio de Bartha emitira uma sentença que o obrigava a vender a casa para pagar à ex-esposa quatro milhões de dólares. Durante o processo, Bartha tinha afirmado que amava sua casa com paixão, "o sonho de minha vida, minha realização como pessoa". A experiência mais impactante de sua vida — declarou no julgamento — foi aos quatro anos, quando os nazistas entraram à noite na casa de seus pais em seu país de origem, Romênia, e a destruíram. Bartha jurou várias vezes, durante o julgamento: "eu e minha casa morreremos juntos", caso o obrigassem a se desfazer dela por causa do divórcio. Ninguém o levou a sério, mas o doutor cumpriu sua palavra.

Como vemos, a fronteira entre "mim" e "meu" não é sempre clara. Embora também seja certo que não faltam pessoas que se distanciam e rompem drasticamente os vínculos emocionais com seus pertences. Alguns se dissociam até mesmo de partes de seu próprio ser. No meu trabalho, vi pacientes que sofrem tanto por causa da aparência, da anatomia ou do funcionamento do próprio corpo que chegam a considerá-lo como um cárcere, e ficam sonhando com o dia em que poderão escapar dele.

Nossos valores

Um ingrediente primordial da autoestima, muito investigado recentemente e que mencionei no capítulo anterior, é a eficácia que damos às funções executivas com as quais regulamos nossos atos e controlamos nossa "agenda", ou programa de vida. Em quase todas as sociedades cada vez se glorifica mais a eficácia pessoal. Outro dia escutei Meryl Streep, uma de minhas atrizes favoritas, dizer em uma entrevista: "Somos as decisões que tomamos."

Graças ao progresso incontrolável da humanidade, cada dia é maior o número de pessoas que espera poder programar o futuro para conseguir seus objetivos, e até consideram isso um direito. Como resultado, a confiança que depositam em suas faculdades para governar as circunstâncias e dessa forma alcançar as metas que perseguem constitui um dos elementos essenciais da autoestima. Essa é a razão pela qual os questionários mais recentes para medi-la exploram até que ponto estamos ou não de acordo com declarações como "sou uma pessoa útil", "quando faço um trabalho, eu o executo bem"; ou, pelo contrário, "quase nunca consigo o que me proponho", "no geral, as coisas saem errado para mim".

Outra parte importante da valorização que fazemos de nós mesmos vem imposta pelos estereótipos e pelos qualificativos que a sociedade nos impõe. Antes de nascer, graças ao ultrassom e às provas genéticas, em muitas sociedades os bebês são classificados, conforme sejam meninos ou meninas, *a priori* por seus pais e pela sociedade na qual verão a luz do dia. E, nos primeiros segundos de vida, muitas criaturas também são catalogadas levando-se em conta a cor de sua pele. Outras etiquetas com o "preço" que nos penduram, quando pequenos, dependem do atrativo físico, da classe econômica, do país ou da cidade de origem, da religião ou da língua materna. Posteriormente, a valorização social costuma levar em conta outros atributos, como o nível de educação, a ocupação, o estado civil, o status profissional ou a afiliação a certas organizações religiosas, políticas, filantrópicas ou corporativas.

As transformações da vida também nos marcam. O impacto depende não só do valor que nós fixamos, mas da importância que determinamos às valorizações que os outros façam. Tanto os triunfos — "é uma atriz famosa", "é um grande arquiteto", "é uma magistrada muito respeitada" — como as desgraças — "é uma vítima do 11 de Setembro", "é uma esposa maltratada", "é alcoólatra", "está desempregado" —, também os estilos de vida — "é um *playboy*", "é uma intelectual", "é muito religioso", "está sempre trabalhando" — ou notas biográficas passadas — "ex-viciado", "esteve preso", "se casou três vezes" — implicam julgamentos de valor. São juízos que levamos em conta no momento de decidir o quanto nos apreciamos. Naturalmente, essas etiquetas que nos colocam ou os estigmas que nos marcam não afetam por igual todas as pessoas. Sua marca dependerá de como a pessoa em questão os julga. Ninguém dá a mesma importância às coisas, sejam êxitos ou infortúnios, nem valoriza igualmente a opinião de seus pais e de seus filhos, ou as regras do chefe no trabalho tanto quanto o parecer do vizinho.

Nosso deleite conosco depende, pois, menos de qualidades e circunstâncias que de nossa atitude em relação a elas. Para muita gente, a validade que atribui ao trabalho que faz e o nível de competência que atribui a si próprio são mais importantes que o salário. Temos traços de nossa personalidade ou de nosso corpo de que não gostamos. Comportamo-nos, em algum momento, de certa maneira que consideramos inaceitável ou que foi julgada de maneira negativa pela sociedade. Mas isso não se traduz necessariamente em baixa autoestima. Por exemplo, podemos ter má opinião sobre nosso rendimento no trabalho ou sobre nosso talento musical, mas nossa autoestima global pode ser alta. O que conta é o significado que damos a cada parcela de nossa identidade. Se não consideramos importante o êxito no trabalho, o fato de estar desempregado não vai afetar tanto a autoestima como se nossa apreciação subjetiva for de que o trabalho é um ingrediente fundamental em nossa vida. Da mesma maneira, podemos digerir bem e remodelar internamente características de nossa pessoa que são desvalorizadas pela sociedade na qual vivemos, por exemplo, ser um imigrante, mas acrescentar ao status de emigrante de nosso país natal virtudes como iniciativa, capacidade de ter aspirações ou valentia. No final, essas características podem se transformar até mesmo em motivo de orgulho.

Várias experiências realizadas por Victoria H. Medvec e um grupo de colegas do Departamento de Psicologia da Universidade de Cornell, em Nova York, ilustram essa valorização subjetiva que fazemos de nossos triunfos e fracassos. Uma de suas investigações demonstrou, por exemplo, que muitos atletas olímpicos que ganham medalhas de prata estão menos satisfeitos com seu êxito que os que ganham medalhas de bronze, apesar de a medalha de prata significar uma honra superior. Os ganhadores da prata questionam e criticam automaticamente os pormenores de sua atuação por não terem conseguido o ouro, e se sentem decepcionados. Os premiados com o bronze, no entanto, fixam-se em como ficaram próximos de não ganhar nenhuma medalha, centram-se nos aspectos positivos de sua atuação e se sentem orgulhosos de sua vitória.

A valorização de si mesmo também depende do equilíbrio entre o que acreditamos que somos e o que gostaríamos de ser. As crianças pequenas confundem suas verdadeiras habilidades com as que desejariam ter, o que costuma resultar em uma visão exagerada de sua capacidade real. É normal escutar um menino de três anos dizer, gabando-se: "Eu sou mais forte; corro mais depressa que meu pai." A partir dos cinco ou seis anos, esses comentários são muito raros, pois já se dão conta da discrepância entre as possibilidades reais e as imaginárias.

É consenso que quanto mais exigentes ou menos realistas sejam nossos critérios, mais probabilidades teremos de nos sentir desapontados. Um problema bastante frequente que mina nossa autoestima são as exigências não razoáveis que nos impomos e que se traduzem no tão conhecido "deveria". Esse tempo de verbo potencial manifesta-se quando a pessoa pensa que está absolutamente obrigada a ser, a sentir e a se comportar de maneira ideal que, na realidade, é incompatível com sua forma de ser, não é viável dada a situação ou chega a ser humanamente impossível. Por exemplo, "deveria tirar dez em todas as matérias", "deveria impressionar meus colegas cada vez que apresento um trabalho", "todos deveriam gostar de mim", "deveria estar sempre de bom humor", ou tantas coisas do mesmo estilo. As pretensões ou exigências desmedidas de si mesmo produzem descontentamento e frustração, desmoralizam e fazem que nos sintamos incompetentes. Mais adiante, voltarei a tratar desse ponto.

Como já sugeriu William James, as pessoas que percebem e sentem uma discrepância significativa entre suas conquistas e pretensões costumam experimentar autoestima baixa. Naturalmente, o grau de desgosto será menor se a área de incompetência é considerada pouco importante em lugar de valorizá-la como algo essencial.

É sempre recomendável avaliar o significado que damos aos diversos âmbitos de nossa identidade. Em especial na prática da psicologia e da psiquiatria, é muito comum tentar aliviar a angústia e a desmoralização que o paciente sente ajudando-o a diminuir a distância entre os aspectos reais e os idealizados de sua pessoa. Na sutil fronteira entre realidades e ideais se encontram as verdadeiras possibilidades de satisfação com a própria vida. E são as metas possíveis e alcançáveis as que quase sempre nos servem de força motivadora de mudança e, no final das contas, nos gratificam.

Em seguida, falarei das defesas que utilizamos para proteger a autoestima. Como nos adverte o psicólogo da Universidade de Harvard, Gordon W. Allport (1897-1967): "Não passam muitos dias sem que nos sintamos inferiores, culpados, inseguros, rejeitados. Falhamos em algo, passamos por ridículos. Nosso ego sua e nos invade a ansiedade. Mas imediatamente tentamos reparar o golpe a qualquer custo."

Em legítima defesa

"Em algum ponto entre os extremos de viver uma vida de mentiras vitais e uma vida de simples verdades, encontra-se o melhor caminho da sobrevivência e da harmonia."

Daniel Goleman, *Psicologia do autoengano*, 1985

Todos os seres humanos sentem necessidade de se aceitar e se apreciar. A autoestima saudável é a autovalorização positiva que se fundamenta em traços sãos da personalidade — como a capacidade de amar — e se manifesta em atitudes justas ou éticas, e em condutas construtivas e socialmente proveitosas. Essa autoestima é, além disso, um ingrediente determinante do equilíbrio emocional, da sintonia interior, de nossa integridade como indivíduos, do sentido de segurança e de uma boa disposição para a vida.

A irresistível motivação para preservar um bom nível de autoestima faz que quando recebamos informações que coincidem com nossa valorização a assimilemos rapidamente. Mas se a informação que captamos questiona ou não valida a boa opinião que temos de nós, em seguida nos perturbamos. De fato, nossa tendência imediata é ignorá-la, rejeitá-la e nos proteger como gatos com a barriga para cima. Qualquer ameaça a nosso "ego" provoca uma defesa. Mas essa reação de autodefesa em algumas pessoas pode ser tão intensa como a que teriam se alguém pusesse em perigo suas vidas.

Autofavoritismo

As investigações da psicóloga da Universidade da Califórnia, Shelley E. Taylor, demonstram que uma opinião positiva de si próprio, mesmo não sendo totalmente realista, é um traço característico muito útil, porque nos ajuda a superar as adversidades cotidianas, a alimentar a esperança, a que nos sintamos satisfeitos com a vida em geral. Uma estratégia muito comum para reforçar a autoestima consiste em ressaltar e valorizar os aspectos positivos de si mesmo enquanto, mais ou menos conscientemente, em nosso interior nos proclamamos melhores que nossos semelhantes.

Nada parece mais normal que a habilidade dos homens e das mulheres para se colocarem acima dos outros. Em todas as culturas, essa necessidade de se destacar e o desejo de ser admirado aparecem cedo na vida. Quando julgamos outras pessoas, sem nos dar conta, nos comparamos a elas. Inevitavelmente, a opinião que guardamos de nós molda a que formamos dos demais. O habitual é nos considerarmos melhores que a maioria. Estou seguro de que se pedirmos a qualquer um para que compare seu nível de bem-estar no geral e o avalie de 0 a 10, pensará que sua nota é maior que o do próximo, especialmente se se trata de alguém desconhecido, abstrato ou distante.

Numerosas experiências demonstram que em quase todos os aspectos socialmente apreciados costumamos nos situar acima do resto do grupo ao qual pertencemos. Por exemplo, inclinamos a nos considerar melhores motoristas, melhores amantes, mais criativos, mais éticos e responsáveis que a média real. Não importa se somos executivos ou operários, a maioria de nós valoriza a qualidade do próprio trabalho acima da de seus colegas. Como mostrou Taylor, essas comparações vantajosas não só nos amparam da desilusão, mas tonificam nossa autoconfiança.

Chamou-me a atenção uma pesquisa com mil americanos cristãos — realizada pela revista semanal *U.S. News and World Report* — sobre "as probabilidades de ir ao céu depois da morte" de certas figuras famosas e dos próprios entrevistados: 79% dos participantes opinavam que Madre Teresa de Calcutá estava na glória, 65% identificavam também o jogador de basquete Michael Jordan como candidato ao paraíso e 60% pensavam que a princesa Diana da Inglaterra provavelmente já estava desfrutando das glórias celestiais. E agora, a surpresa: nada menos que 87% das pessoas consultadas se consideraram destinadas e merecedoras do reino dos céus. Em outras palavras, os entrevistados pensavam que tinham mais probabilidades de ir à glória que todos os personagens, entre eles a santa Madre Teresa.

É curioso comprovar que, apesar da abundante evidência acumulada que demonstra como nossa subjetividade dá lugar a uma opinião bastante enviesada de nós e dos demais, a maioria das pessoas considera que suas opiniões são objetivas e equilibradas. Não passa pela cabeça nem sequer uma mínima possibilidade de que somos cegos para as distorções da realidade.

Proliferam os estudos sobre as curiosas explicações que as pessoas dão aos acontecimentos que mais afetam nossas vidas. Por exemplo, por que nos separamos do cônjuge, por que os filhos foram suspensos na escola, a que atribuímos os problemas trabalhistas ou por que perdemos uma competição importante. Em quase todos os casos, as razões ou as respostas que apresentamos costumam ser vantajosas para nós. No geral, nos sentimos mais responsáveis por êxitos do que por fracassos. Atribuímos nossas conquistas à própria competência e os fracassos, ao azar. E, no entanto, pensamos com toda naturalidade que nossos adversários triunfam por casualidade ou por sorte, e perdem por sua inépcia ou falta de esforço.

Essa propensão de as pessoas se verem em termos positivos ocorre até mesmo em circunstâncias que elas próprias não governam. Por isso, muitos costumam atribuir a seu talento sucessos que dependem exclusivamente da sorte. Não notaram que, quando em um jogo de azar vocês lançam os dados, ficam com a sensação de controlar o resultado mais do que quando um adversário os joga?

No geral, também tendemos a acreditar que as qualidades que possuímos são mais importantes e desejáveis que as que nos faltam. Por exemplo, que alguém pense que ser extrovertido é melhor ou pior que ser introvertido depende em grande medida de se a própria pessoa se considera extrovertida ou introvertida. Os extrovertidos estão convencidos de que a tendência a serem sociáveis e comunicativos lhes favorece, enquanto os introvertidos preferem a privacidade, a discrição e as poucas palavras.

Nossa irrefreável tendência a nos julgar positivamente se estende também aos filhos, aos amigos, aos amantes e a outras pessoas, bem como a posses e circunstâncias que estão vinculadas a nós de alguma maneira especial. Por exemplo, a mera coincidência de compartilhar a mesma data de aniversário é suficiente para julgar melhor a outra pessoa. Em um estudo sobre esse efeito, o psicólogo da Universidade do Arizona, Robert B. Cialdini, pediu a um grupo de universitários que avaliassem o caráter e as ações de Rasputin (1869-1916), o sinistro frade russo que, no princípio do século passado, exerceu uma influência maligna sobre o czar Nicolau II. Os anais da História consideram Rasputin como um caso extremo de perfídia e crueldade. Todos os estudantes leram a mesma versão da vida e dos desvarios desse funesto personagem, mas, no texto do grupo, o dia e o mês da data de nascimento de Rasputin coincidiam com os de alguns dos universitários. Os estudantes que, ao lerem o texto, perceberam que compartilhavam a mesma data de nascimento com o chamado "monge louco" o avaliaram muito mais positivamente que o resto do grupo.

A propensão humana a aplicar estratégias vantajosas, até mesmo artificiais, para manter o equilíbrio mental e defender a autoestima foi estudada por Leon Festinger, intuitivo psicólogo da Universidade de Stanford, na Califórnia. Sua tese, publicada em 1957, professa que as pessoas constroem a realidade que as rodeia com o objetivo de evitar sentimentos incongruentes, dissonantes ou desagradáveis, e manter assim ilesa a autoestima em momentos de prova ou vulnerabilidade. Para ilustrar essa teoria, conhecida como "dissonância cognitiva", lembremos a fábula de Esopo na qual uma arrogante raposa tentava em vão alcançar um cacho de uvas de aspecto saboroso que estava pendurado em uma parreira. O orgulhoso animal pulou repetidamente o mais alto que pôde para alcançar com suas garras a tentadora fruta, mas não obteve êxito. Cansada, a raposa desistiu de seu empenho e comentou: "Essas uvas estão verdes e, se as tivesse pegado, não iria comê-las." Nesse caso, a rendição da raposa, se estivesse convencida de que as uvas estavam maduras, entraria em conflito com sua vaidade. Assim, pois, a mudança de atitude e a rejeição das uvas lhe permitiram encontrar uma explicação aceitável a seu comportamento e proteger sua orgulhosa autoestima.

Outro exemplo muito comum da reação das pessoas ante o sentimento de dissonância é o de um grande comilão que vai ganhando muito peso, até que começa a sentir que sua obesidade, além de não ser saudável, afeta negativamente a aparência e a autoestima. Para neutralizar a sensação desagradável de conflito que lhe produz seu apetite desordenado e a necessidade de se autovalorizar positivamente, o comilão pode decidir começar uma dieta, uma opção que é consequência de sua preocupação com a saúde e com o aspecto físico. No entanto, outra alternativa é diminuir a importância da gordura, negando seus efeitos nocivos ou comparando-os com os acidentes de trânsito. Pode também ponderar sobre os benefícios da comida para aliviar o estresse, ou ainda se convencer de que comer constitui um prazer fundamental na vida do qual não quer prescindir. A questão é que perante pensamentos contraditórios nos vemos obrigados a optar por desculpas ou por ações que neutralizem a tensão interna e protejam a boa opinião de nós próprios.

Os psicólogos Roy F. Baumeister, Karen Dale e Kristin Sommer, da Universidade Case Western Reserver, em Ohio, demonstraram em vários estudos experimentais que as pessoas em geral, sobretudo se têm autoestima instável ou frágil, tendem a rejeitar interpretações de seu comportamento que consideram ameaçadoras para seu amor-próprio. Um caso clássico: depois de um exame, os estudantes que não passaram recorrem com maior frequência a julgar o resultado como inválido ou injusto, algo que não ocorre entre os que são aprovados. Para não fechar os olhos ao quadro completo da realidade, penso que ocorreria o mesmo com um exame injusto de verdade. Os que foram aprovados muito provavelmente se calariam, embora tivessem se dado conta de que obtiveram sucesso "por sorte", e os que tivessem sido reprovados protestariam com razão.

Anthony Greenwald, professor de psicologia da Universidade Estadual de Ohio, descreveu há algumas décadas o "ego totalitário". Segundo esse autor, com o objetivo de defender a autoestima, as pessoas distorcem os fatos, se absolvem de suas responsabilidades quando cometem erros e mantêm uma estrita censura para não se questionarem. Na prática, empregam as mesmas técnicas que os governos ditatoriais, que censuram ou deformam a informação e distorcem a História com o objetivo de serem aceitos como regimes legítimos e democráticos.

Em um de seus estudos, Greenwald ilustrou essa tese com a análise de explicações tão inverossímeis quanto fantasiosas que os motoristas de automóveis davam à polícia depois de sofrerem acidentes. Dois exemplos textuais: "À medida que me aproximava do cruzamento, de repente apareceu uma placa de Pare em um lugar onde nunca tinha estado. Não deu tempo de frear para evitar o choque"; "O poste de telefone se aproximou... Eu tentei desviar, mas ele bateu contra meu carro."

Estratégias protetoras

Para proteger e conservar os conceitos preferidos de nós mesmos quando algo atenta contra eles, todos recorremos a estratégias conhecidas em psiquiatria como "mecanismos de defesa". Essa ideia de que as pessoas se defendem inconscientemente de impulsos que consideram inaceitáveis foi desenvolvida por Sigmund Freud e seus seguidores — entre eles, a própria filha, Anna, que escreveu um importante tratado sobre esse tema — há quase um século. Influenciado provavelmente pelos valores da burguesia da época vitoriana, Freud se limitou a descrever os mecanismos de defesa que utilizamos com o objetivo de negar ou camuflar desejos inaceitáveis, ou impulsos sexuais ou violentos. Hoje em dia, sabemos que a função dessas defesas psicológicas é mais ampla, pois abarca uma extensa variedade de possíveis ameaças internas e externas a nosso "eu". A lista dos mecanismos de defesa é extensa, mas os mais comuns se conhecem no jargão psicológico como repressão, projeção e formação reativa.

Falemos primeiro da repressão e do papel que a memória encena no funcionamento dessa arma natural de autodefesa. É um fato constatado repetidas vezes que as pessoas têm grande capacidade para esquecer ou arranjar as lembranças com o objetivo de minimizar o dano que os infortúnios causam, e adaptar assim os fatos o melhor possível à história que desejam. Além disso, graças ao esquecimento — e ao esquecimento de que nos esquecemos — podemos passar por cima de numerosas ameaças e agressões a nosso "eu". O esquecimento reduz a intensidade emocional dos agravos ou das humilhações, e nos permite perdoar e virar a página depois de um capítulo penoso de nossa vida. Também nos ajuda a guardar certos segredos irritantes ou desagradáveis, inclusive de nós mesmos, perante nós mesmos.

É verdade que a memória é seletiva, uma vez que no geral nos lembramos mais dos êxitos do que dos fracassos. Não são poucos os que compartimentam ou isolam anos marcados por conflitos e desacertos. O normal é prestar uma atenção seletiva às qualidades pessoais e ignorar os defeitos. Dessa maneira, as pessoas protegem a autoestima de suas falhas, ignorando-as ou aprisionando-as e as enterrando no passado. Olham de soslaio, além disso, para o impacto de más ações do passado, o que as ajuda a preservar o conceito atual aceitável de si próprias. Muitas pessoas conseguem isolar um passado desonroso — de delinquência, por exemplo —; apagam tudo e começam do zero. Alguns criam um bom presente, embora tenham de recorrer a conversões religiosas ou experiências sobrenaturais, como as de *rebirthing*, ou "nascer de novo", tão em voga nos Estados Unidos. Tal estratégia de reconfigurar o passado pode nos proteger no curto prazo, mas tem um possível efeito secundário: impede-nos de aprender com os erros para não repeti-los no futuro.

Às vezes tentamos aliviar nossa autoestima ferida por um evento humilhante imaginando como teríamos gostado de reagir. Esse desejo de ter atuado de maneira diferente em uma situação conflituosa passada é muito comum. Por exemplo, pessoas que são despedidas do trabalho pelo chefe, ou têm uma forte discussão com alguém em público, frequentemente não podem evitar apertar o botão de rebobinar para representar repetidamente em sua mente os fragmentos mais incômodos da situação, pensando sobre comentários ou respostas agudas, ou sarcásticas, que desejariam ter dito no momento. O mais interessante, como confirmam muitas investigações, é que com o tempo e a repetição tendemos a dar por certas nossas versões idealizadas dos fatos, e acabamos incrustando-as na memória como se fossem verídicas.

Projetar nos demais aspectos de nossa personalidade que consideramos negativos é outra técnica de autodefesa recorrente. Um exemplo simples e cotidiano de projeção é quando nos sentimos mal-humorados e, ao saudar um amigo, dizemos prontamente: "Aconteceu algo para você estar de mau humor?" Outra forma de projeção comum é a que usam as pessoas que reconhecem com desgosto seu caráter exageradamente invejoso ou competitivo, mas se aliviam pensando que todas as pessoas a seu redor também são assim. O objetivo da estratégia é reduzir a percepção de que nossos defeitos são distintivos de nós mesmos, imputando-os aos demais. É mais fácil aceitar ou justificar que estamos enganando o Fisco ou desrespeitando os limites de velocidade na estrada se pensamos que a maioria dos contribuintes e motoristas também infringe essas regras. Além disso, quanto mais admiramos as pessoas às quais podemos atribuir defeitos, por exemplo, de temerário ou de ambicioso, menos incômodos nos sentimos. Quer dizer que, se a pessoa da qual destacamos algum defeito é alguém querido ou admirado por nós — pai, professor ou algum ídolo —, nos sentimos mais à vontade para nos perdoar por esses mesmos erros ou defeitos humanos.

Invariavelmente acreditamos que os outros têm opiniões positivas sobre nós, sem perceber que isso não é necessariamente correto. Lembro que em uma reunião de diretores e gerentes dos hospitais públicos de Nova York à qual assisti alguns anos atrás, a pessoa que dirigia um dos seminários sobre liderança pediu à centena de assistentes que calculassem por escrito como avaliavam seus colegas na categoria "líder e seguidor" e, em segundo lugar, como achavam que seus colegas os avaliavam a respeito. Curiosamente, a maioria dos entrevistados pensava que seus colegas os consideravam melhores líderes do que, na realidade, a classificação da pesquisa mostrou. Isso me confirmou que, em geral, não paramos para pensar que os que nos rodeiam não nos olham, necessariamente, com tão bons olhos como imaginamos.

Muitas pessoas se defendem, mais ou menos inconscientemente, de uma ameaça concreta a sua autoestima reagindo de forma exagerada na direção oposta à ameaça. Essa estratégia consiste em converter os defeitos pessoais ou traços de caráter socialmente inadmissíveis em virtudes opostas. São pessoas que transformam certas atitudes censuráveis em atividades morais, intelectuais ou sociais celebradas. Esse mecanismo de defesa, bastante utilizado, chama-se "formação reativa". Um exemplo dessa sagacidade pode ser descrito quando nossa inclinação à intolerância se choca com o conceito ideal de nós mesmos e a compensamos com esforços exagerados por demonstrar que somos uma pessoa muito flexível e transigente.

Em uma investigação desse mecanismo, Roy F. Baumeister e sua equipe selecionaram um grupo de pessoas de raça branca, depois de se assegurar, por meio de entrevistas, de que não tinham preconceitos raciais. Então lhes foi mostrada uma coleção de fotografias de casais inter-raciais, de homens de raça negra dirigindo o trabalho de trabalhadores brancos, e de casos similares bastante sugestivos. Durante a sessão, os participantes estavam conectados a instrumentos que simulavam medir as palpitações do coração e da eletricidade da pele ou suas supostas reações fisiológicas às fotografias. Ao finalizar a sessão, os que dirigiam o estudo comentaram individualmente à metade dos participantes que sua resposta fisiológica — fictícia — indicava que eram intolerantes em relação às pessoas negras, enquanto a outra metade foi informada de que eram indivíduos racialmente tolerantes. Uma vez terminada a experiência, ao saírem do edifício, cada sujeito foi abordado por um "mendigo" branco e por outro de raça negra. Os donativos que todos os participantes deram aos mendigos brancos foram de quantidade parecida. No entanto, os que tinham sido acusados implicitamente de "racistas" doaram mais dinheiro ao mendigo negro do que aqueles que receberam a avaliação de "tolerantes". A implicação desses resultados foi que os indivíduos que acabavam de escutar da boca dos investigadores que tinham tendências racistas tentaram compensar essa percepção negativa ou imagem externa sendo mais generosos com os mendigos negros.

As pessoas também tendem a compensar algum aspecto de si mesmas que é questionado por outros, reforçando ou afirmando outras facetas, embora estas não tenham sido ameaçadas. Em nível anedótico, me ocorre que um preconceito bastante comum nas sociedades ocidentais é que a baixa estatura afeta negativamente o conceito que os homens têm de si mesmos e, em alguns, provoca uma impressionante reação compensatória. Embora não conheça nenhum estudo que tenha demonstrado essa correlação, os tratados de história com frequência destacam no perfil de homens que brilharam por seu poder, sua influência ou sua criatividade, o dado relativo à baixa estatura física. Pensemos, por exemplo, em Voltaire, em Napoleão Bonaparte, em Amadeus Mozart, em Pablo Picasso, em Jean-Paul Sartre, em Vladimir Lenin ou em Mahatma Gandhi. Apesar disso, não deixa de ser evidente que o afã de domínio e de poder notáveis são ânsias que compartilham numerosos homens de elevada estatura física, como Fidel Castro, Osama bin Laden, Charles de Gaulle ou Abraham Lincoln. Isso nos obrigaria a perguntar também: que compensação buscam então os homens altos quando lutam pela notoriedade do seu poder pessoal?

Em um terreno mais científico, Claude Steele, do Departamento de Psicologia da Universidade de Washington, idealizou um curioso experimento que constava de duas partes. Na primeira, manipulou a autoestima de um grupo de duzentas mulheres pertencentes ao grupo religioso dos mórmons do Estado de Utah. Os membros dessa religião, fundada nos primórdios do século XIX, valorizam muito as atividades de voluntariado em benefício da comunidade. Concretamente, a metade das mulheres recebeu uma ligação telefônica de um entrevistador que fingiu estar fazendo uma pesquisa sobre moda feminina. Ao terminar de fazer as perguntas relacionadas com a pesquisa fictícia, comentou, "confidencialmente", como se fosse de passagem, que tinha ouvido que as pessoas em geral não possuíam boa opinião a respeito dela, sem especificar a causa. A outra metade das mulheres "pesquisadas" recebeu a mesma ligação, mas, depois das perguntas, foram informadas, também como se fosse por acaso, de que as pessoas tinham uma opinião muito boa sobre ela.

A segunda parte da experiência aconteceu dois dias mais tarde. Todas as participantes foram contatadas por uma pessoa, sem nenhuma relação com a ligação anterior, que as convidou a colaborar voluntariamente para obter fundos destinados a um centro de mulheres sem lar. O resultado dessa segunda ligação foi muito revelador: enquanto aproximadamente 70% das mulheres que haviam recebido o comentário negativo na primeira ligação se ofereceram para colaborar com o projeto, menos de 25% das que obtiveram a opinião positiva se ofereceram como voluntárias. A conclusão do estudo foi que as mulheres do grupo avaliado negativamente sentiram a necessidade de autoafirmar seu valor pessoal. Isso se dá porque tendemos a equiparar nosso valor com a opinião dos outros, ainda que sejam pessoas estranhas ou que não nos conhecem.

Estudos similares sobre sexismo demonstram igualmente que homens e mulheres que não são sexistas e valorizam o igualitarismo como um componente positivo de si mesmos, quando são acusados de possível sexismo, respondem com indignação extrema, por mínima que seja a hipotética insinuação de que possuam esse traço.

Quando queremos proteger nossa autoestima, outra estratégia muito comum é a que Morris Rosenberg chamou de "seletividade". Uma maneira de utilizar a seletividade é nos relacionando exclusivamente com as pessoas que têm boa opinião sobre nós e evitando os que não nos apreciam. A verdade é que buscamos amizades que nos percebem como gostaríamos de nos perceber. Uma consequência é que, ao buscarmos as opiniões de outros, tendemos a dar mais credibilidade às emitidas por pessoas que pensam bem de nós do que às elaboradas pelos que pensam mal.

Nas desgraças e nas tragédias, ou em situações desafortunadas, os que recorrem a comparações com outros infelizes que resultaram mais prejudicados se protegem mais — com expressões de resignação como "poderia ter sido pior" — do que os que se comparam com os mais afortunados. Outra maneira de nos proteger, muito comum para dissipar a culpa em casos de desenlaces negativos, é o tão usado "nada que tivesse feito teria mudado o resultado". No caso das falhas, é igualmente típico neutralizar a causa, ou atribuindo-a ao azar ou a todo um rosário de coisas imponderáveis. Repito: os seres humanos têm forte tendência a atribuir-lhes os êxitos e a racionalizar, a desentender ou diminuir a importância dos fracassos.

Graças a todos esses mecanismos de defesa, podemos proteger os conceitos privado e público que construímos de nós. Em minha experiência, utilizar moderadamente essas estratégias protetoras é saudável e ajuda a manter a autoestima e a minimizar o estresse do dia a dia, o que facilita o equilíbrio emocional. Já as pessoas que não abrem mão dessas defesas são muito vulneráveis a ser enganadas, abusadas, a passarem por dissabores e ficam à mercê de outras ameaças cotidianas. Mas não há por que passar por isso: os que usam grandes doses de negação e distorcem em excesso a realidade colocam em perigo a capacidade de viver saudavelmente e participar com alegria da vida social. O segredo está em evitar tanto o excessivo realismo como a desmesurada deformação da realidade.

Certa dose de favoritismo na interpretação que fazemos de nós mesmos nos protege, mas essa paralela habilidade para contornar a realidade tem um limite. Certos fatos objetivos não se podem negar adequadamente sem colocar em dúvida nossa moral e nossa harmonia. É evidente que os estudantes reprovados uma e outra vez não pensam que são bons alunos; os homens ostensivamente baixos não se acham altos; e as pessoas muito pobres não pensam que são ricas. Há situações nas quais negar a evidência não serve para nada ou pode ter consequências funestas se nos impede de tomar decisões prudentes diante dos perigos.

A confiança exagerada ou irracional em si mesmo também pode ser perigosa, não só para a pessoa em questão, mas também para os outros. Recorro, nesse caso, aos trabalhos do doutor David A. Davis e de um grupo de investigadores da Universidade de Toronto, os quais fizeram uma rigorosa análise sobre o acerto dos médicos na avaliação de sua própria competência profissional. Aqui apresento a preocupante conclusão: os menos competentes — segundo a opinião de julgamentos independentes — tinham os níveis mais altos de autoconfiança. Pelo contrário, os médicos considerados mais competentes pelos juízes manifestavam autoconfiança mais moderada e eram mais conscientes de suas limitações.

Nesse sentido, gostaria de comentar sobre o grupo de médicos e demais profissionais de saúde de que faço parte, no qual sempre existiu uma enorme resistência a reconhecer os próprios erros. É certo que o proverbial Juramento Hipocrático não diz nada sobre como devem se comportar os médicos quando causam danos sem querer aos pacientes. Tampouco se fala desse tema nas escolas de medicina ou nos programas de residência, nos quais se formam os futuros doutores. Apesar disso, cada dia se acumulam mais razões de grande peso para romper essa couraça de arrogância e de silêncio.

Efetivamente, o Instituto de Medicina dos Estados Unidos, um prestigioso organismo independente que presta assessoria em matéria sanitária, documentou em 1999 que, nos hospitais desse país, aproximadamente dois milhões de pacientes sofriam, todo ano, graves sequelas, e 95 mil morriam por causa de erros médicos previsíveis e evitáveis. Entre os desatinos mais frequentes eram citados a prescrição de medicamentos contraindicados ou em doses venenosas e os diagnósticos equivocados. Na mesa de operação, descuidos comuns incluíam as perfurações acidentais de órgãos, o esquecimento de objetos — pedaços de gaze, pinças — dentro do corpo do operado e as infecções pós-operatórias por falta de higiene ou de prevenção antibiótica. A conclusão: quando as falhas são negadas ou ocultas, não se aprende com elas e existe maior probabilidade de serem repetidas.

Esse alarmante informe desencadeou um forte movimento social a favor de que os profissionais de saúde revelem, voluntária e confidencialmente, os erros que cometem ao comitê de qualidade do hospital onde prestam seus serviços. O objetivo principal dessa política não é punir os médicos que se equivocam, mas analisar as verdadeiras raízes de seus erros e tomar as medidas oportunas para evitar que voltem a ocorrer. A tarefa não foi fácil, contudo hoje os especialistas concordam em que, graças à maior transparência na prática médica, a qualidade dos cuidados e a segurança dos pacientes melhoraram. Na atualidade, o grande objetivo é dar o lógico passo seguinte: que os médicos informem e peçam desculpas aos pacientes prejudicados por seus erros. Como era de esperar, a oposição para dar esse passo é tenaz. Alguns doutores temem que divulgar seus desacertos acarrete desprestígio profissional; outros alegam que confessar as falhas médicas equivale a servir de bandeja uma exitosa polêmica aos advogados. No entanto, estudos recentes publicados nas revistas de medicina mais prestigiosas demonstram que, quando os médicos admitem suas falhas, explicam os fatos e pedem desculpas, os pacientes prejudicados agradecem e se inclinam menos a denunciá-los publicamente ou a processá-los. No final das contas, todos perdoam um semelhante mais facilmente por um erro da cabeça do que por falha do coração.

Há três séculos, o poeta londrino Alexander Pope comentou com sabedoria: "Errar é humano", e um tempo depois encontrei uma tira da cartunista canadense Lynn Johnston que dizia: "Uma desculpa sincera é a supercola que repara quase tudo na vida." Hoje, em minha profissão, somos muitos que concordam em que um "sinto muito" sincero e a tempo não só dissipa o ressentimento do paciente prejudicado e modera seus impulsos de desforra como humaniza o médico e dignifica o enfermo. Além disso, a informação franca e clara sobre o ocorrido valida as queixas do enfermo, alivia sua indefensabilidade e o tranquiliza devido à expectativa de que o profissional e a instituição se comprometem a prevenir erros semelhantes no futuro.

Infelizmente, apesar de apresentadas todas essas vantagens, há vários médicos que se negam a pedir desculpas. Se os escutarmos atentamente, fica evidente que o verdadeiro motivo da intransigência é que são incapazes de descer do pedestal, aproximar-se humanamente dos pacientes e tirar o halo de onipotência que rodeia a imagem interior que criaram de si próprios.

Outro inconveniente de ignorar cegamente nossos defeitos é que as possibilidades de tentativa de mudança são eliminadas. Mudar sempre supõe um objetivo, sobretudo quando superamos os anos da adolescência. De fato, embora melhorar nossa valorização ou a opinião que fazem de nós seja um desejo bastante natural, muitas pessoas preferem manter seu conceito de si mesmas e não alterar sua identidade privada ou pública. Para elas, simplesmente não compensa um possível aumento de autoestima se isso se faz à custa de uma mudança de personalidade.

Em minha experiência, as pessoas que decidem moldar alguma faceta de que não gostam em seu caráter têm maiores probabilidades de consegui-lo se programam a mudança sobre alguma base positiva de sua personalidade. Por exemplo, tempos atrás um homem de quarenta e tantos anos se queixava de que quando discutia com alguém por qualquer motivo, por menor que fosse, seu enfado "se multiplicava por mil em questão de segundos", e era incapaz de controlá-lo. Esse problema o preocupava porque estava afetando as relações pessoais e o rendimento no trabalho. Uma vez descartado que sua situação tivesse como causa algum transtorno físico ou psicológico, decidi recorrer a sua boa capacidade de empatia. Sugeri que utilizasse essa aptidão para se colocar, de modo afetuoso, no lugar dos demais. Isso lhe serviria de incentivo para evitar sua fúria mais do que utilizar a autocrítica como combustível para a mudança. Com a prática, e graças a sua vontade, os resultados em pouco tempo foram muito positivos.

Divisão do amor-próprio

"Em nosso mundo interior, quase todos nós gozamos de uma boa reputação."

David G. Myers, *A busca da felicidade*, 1992

Antes de abordar como se distribui a autoestima entre diferentes grupos e pessoas, acho que é importante recordar o fato confortador de que, ao contrário do que muitos pensam, quase todos os seres humanos têm uma predisposição a elaborar um conceito global favorável de si mesmos e a ressaltar os próprios atributos positivos. Essa inclinação natural e espontânea ajuda a preservar a integridade emocional, permite atuar melhor nos diferentes cenários da vida e recarrega as pilhas para que superemos as crises e as vicissitudes da existência.

Eles e elas

A divisão da autoestima entre homens e mulheres foi tema de muitos estudos e de não poucas polêmicas. Susan

Harter, em sua obra *A construção do ego* (1999), faz uma boa revisão dessas investigações que eu gostaria de descrever, ainda que concisamente. Se analisamos a história da mulher em comparação com a do homem, é inegável que centenas de livros considerados por muitos como sagrados e tratados de ciência alimentaram uma sucessão de teorias e de ideologias desvalorizadoras do sexo feminino. Entre os primeiros, a extensa lista abrange desde o relato de *Gênesis* — em que Deus subordinou a criação da primeira mulher à necessidade de companhia para o homem e a esculpiu de uma das 24 costelas dele — até os pronunciamentos generalizados que consideram explicitamente que os homens são os únicos embaixadores do reino dos céus entre os mortais.

No mundo das ciências, o próprio Aristóteles, julgado por muitos como a figura intelectual mais importante de todos os tempos, afirmava em sua obra *De generatione animalium* que as mulheres eram seres inferiores porque tinham o sangue "mais frio", o que diminuía sua capacidade de raciocínio. Causa decepção o fato de que essas teorias, apoiadas em argumentos absurdos, que durante vários milênios propugnaram a inferioridade do gênero feminino, não fossem descartadas no curso da História por grandes gênios como Hipócrates, Galeno, Bacon, Descartes, Pascal, Newton, Darwin, Freud ou Einstein, a quem devemos a revelação de muitas leis misteriosas do Universo. Não menos decepcionantes foram as políticas discriminatórias contra a mulher, promulgadas por líderes sociais e políticos de todas as cores e ideologias desde pelo menos seis milênios atrás, quando se estabeleceram as primeiras cidades na Suméria.

Essa situação insustentável começou a mudar nos últimos dois séculos, quando um punhado de intrépidas pioneiras do sexo feminino, apoiadas por algum homem ilustre — como o parlamentar inglês John Stuart Mill, que em

1865 propôs a legitimação do voto feminino —, plantou na Europa e nos Estados Unidos as sementes da igualdade de direitos e de oportunidades. Por fim, há aproximadamente sessenta anos, esse conceito de igualdade começou a florescer nos países democráticos.

Por tudo isso, não surpreende que, do ponto de vista global, os indivíduos do sexo masculino tenham uma valorização e uma percepção de si mesmos mais positivas que as mulheres. Além das sequelas que a desvalorização histórica de quase todo o grupo feminino possa ter deixado na mente das mulheres, uma proporção maior delas do que de homens interioriza uma noção desfavorável de seu físico, incluindo a aptidão para esportes. Esse desagrado ou essa reprovação da mulher em relação a seu corpo surge no final da adolescência e continua durante a idade adulta. Como mencionei ao descrever o impacto dos valores sociais na construção do conceito de si mesmo, um fator que contribui com essa infeliz situação é a importância que a sociedade e a cultura modernas, em particular no Ocidente, dão ao atrativo físico, à beleza cosmética. Em grande medida, é por isso que transtornos da alimentação como a anorexia e a bulimia afetam com muito mais frequência mulheres que homens.

Outra variável que ajuda a explicar a autovalorização inferior do sexo feminino é o dado demonstrado de que certas doenças psicológicas que afetam negativamente a autoestima — como a depressão, a ansiedade crônica e as fobias — afetam com maior frequência as mulheres que os homens. Pelo contrário, os transtornos emocionais que incidem mais sobre os homens — como a personalidade antissocial, o caráter paranoico e o narcisismo — não diminuem necessariamente a autovalorização, e podem mesmo, com frequência, fomentar nos afetados um destrutivo complexo de superioridade. Em termos específicos, a maioria dos homens que são vítimas dessas alterações da personalidade permanece enclausurada em seu mundo de domínio, de poder e de egocentrismo, o que lhes permite manter uma alta autoestima global. Para começar, tais homens não levam em conta o que os outros pensam deles. Esse fato justifica que a autoestima dos indivíduos com histórico de criminalidade seja mais alta do que se poderia esperar. Tratarei desse ponto com mais detalhes no capítulo seguinte.

Exceto esse maior descontentamento com seu aspecto físico, as mulheres de países ocidentais valorizam no mesmo nível que os homens sua capacidade intelectual, sua sociabilidade e sua competência no trabalho.

Os "outros"

Uma noção muito comum é que os membros de grupos desvalorizados, rejeitados ou "condenados como diferentes" com o tempo interiorizam e assimilam essas atitudes negativas e as adotam como próprias. Embora essa ideia esteja baseada em casos reais — como mencionei ao falar sobre os efeitos do estigma na construção do conceito de si mesmo —, ela não é generalizável.

Surpreendentemente, o termômetro da autoestima não marca de maneira consistente diferenças na percepção de si mesmos entre grupos étnicos ou raciais, nem entre nativos e imigrantes. Tampouco se provou com certeza diferenças entre homossexuais e heterossexuais, nem entre pessoas de diferentes idades, nem entre as fisicamente sãs e vítimas de asma, câncer ou diabetes. Na atualidade, existem várias teorias para explicar tais resultados. A primeira é que os estereótipos sociais negativos só têm um impacto desfavorável na autoestima das pessoas que os aceitam como legítimos. É certamente prejudicial e doloroso saber que a sociedade na qual vivemos pensa mal de nós ou nos considera inferiores por algo sobre o qual não temos controle, mas isso não quer dizer que estejamos de acordo com ditos conceitos.

Os membros de comunidades minoritárias não têm necessariamente uma opinião desfavorável de seu grupo nem acreditam que os supostos defeitos com os quais a sociedade os rotula sejam aplicáveis a eles pessoalmente.

Por outro lado, ao se autovalorizar, muita gente compara seu valor ao de pessoas do mesmo grupo, e não ao dos que desfrutam de condições diferentes. Do mesmo modo, indivíduos que vivem em ambientes considerados desfavoráveis conseguem manter uma opinião positiva de si mesmos porque apreciam em particular certas qualidades que os distinguem, por exemplo, seu talento para música, esportes ou negócios. Também há os que culpam os preconceitos ou a ignorância das pessoas ao redor, e não a si mesmos, por suas aparentes desvantagens sociais.

Outro fator a considerar é a concordância ou a discrepância que pessoas "diferentes" sentem em relação ao grupo em que convivem. Por exemplo, várias pesquisas realizadas entre os alunos de seis mil colégios de ensino médio do Estado de Nova York apontam que os filhos de pais divorciados que crescem em uma comunidade na qual não há progenitores nessa situação têm pior autoestima que os que crescem em um ambiente no qual a incidência de divórcio é alta. Da mesma maneira, crianças de famílias de imigrantes que vivem em ambientes em que a população estrangeira é numerosa se valorizam mais que os pequenos que residem em bairros sem imigrantes. Essa mesma conexão entre autoestima e nível de concordância com o meio social é observada em relação a raça, religião e classe social.

No que diz respeito à distribuição da autoestima segundo a idade, muita gente pensa que a adolescência é o pior período da vida. É verdade que os anos da adolescência estão marcados por mudanças físicas e emocionais, amores fracassados, ideais insatisfeitos, brigas por poder com os pais e educadores, pressões sociais e ansiedade sobre o futuro. No entanto, esses frequentes acontecimentos não parecem ter um impacto nocivo na autovalorização dos jovens, pelo menos na Europa e nos Estados Unidos. De fato, o termômetro da autoestima marca níveis bastante saudáveis de agrado consigo mesmos entre os jovens dessas áreas geográficas.

Na Europa, segundo um estudo que apareceu em 2005, a média de autoestima dos jovens entre 15 e 29 anos alcançou um nível de 7,6 sobre o grau máximo de 8,5. Entre os mais contentes consigo, encontravam-se os jovens espanhóis, com média de 7,9. Segundo o informe *Juventude na Espanha* 2004, que analisava a situação dessa faixa etária, a mocidade espanhola de ambos os sexos não tem grandes preocupações apesar de seus frequentes fracassos escolares, das sérias dificuldades que sofrem para encontrar emprego estável e do reconhecido sufoco econômico de muitos deles. Esses dados ilustram como a atitude positiva das pessoas em relação a si mesmas é perfeitamente compatível com uma variedade de obstáculos e adversidades, sempre que estes não sejam considerados, pelos próprios afetados, como ruins para sua autoestima.

Suspeito que essa aparente imunidade contra os problemas econômicos, profissionais e pecuniários que caracteriza a juventude espanhola deve-se principalmente a seus mecanismos de defesa. Explico-me: conscientes de sua impotência para resolvê-los, os jovens escolheram excluí-los da lista de fatores que determinam seu nível geral de autoestima. A estratégia protetora está, além disso, amparada tacitamente pela tradicional tolerância da sociedade espanhola pelos reprovados, pelo desemprego e pela emancipação tardia dos filhos. Imagino que o sentimento tão generalizado entre os jovens de "isso acontece com todos" também os ajuda a preservar seu contentamento.

No que diz respeito ao conceito de si mesmos, se observarmos e escutarmos os jovens com tranquilidade, será fácil notar que, no geral, embora os julgamentos que seus pais e outras pessoas com autoridade fazem deles moldem sua autoestima, os atributos especiais que tanto eles mesmos como seus colegas de grupo têm costumam, no final, pesar muito mais. Outro traço evidente é que a maioria não persegue grandes metas ilusórias ou inalcançáveis, mas concentra esforços em objetivos realistas. Essa é uma boa fórmula para tirar o maior proveito dos altos e baixos que a vida lhes oferece, e aumentar seus êxitos. É um fato constatado que as pequenas, mas frequentes, conquistas nos dão mais alegrias que os grandes sucessos esporádicos. Isso me traz à memória as palavras do poeta libanês Kahlil Gibran: "No orvalho das pequenas coisas, o coração encontra sua alvorada e se refresca."

Apesar desse panorama alentador e dos dados reconfortantes, é óbvio que não faltam muitos jovens afundados no desânimo que, inclusive, afirmam estar convencidos de que viver "não vale a pena". Nesses últimos anos, os cinemas europeu, americano e japonês estão cheios de relatos sobre rapazes e moças entediados, desertores, cronicamente ressentidos, que mostram um profundo desinteresse e repugnância pela vida. Todos nós conhecemos adolescentes que se sentem desesperados, escravizados pelo álcool ou pelas drogas, que são ignorados em casa, repudiados no colégio ou paralisados pela incapacidade de se defender ante a insuperável distância entre suas aspirações e as oportunidades para alcançá-las. Apesar disso, estatisticamente, essas criaturas atormentadas são uma dolorosa, embora clara, minoria.

Falantes e otimistas

Quando se explora a relação entre os traços da personalidade e a autoestima, dois dados sobressaem com especial relevância. Os homens e as mulheres extrovertidos e os que possuem caráter otimista brilham por sua favorável autoestima. Entre as dezenas de estudos que identificaram a extroversão como companheira assídua da autoestima, quero destacar o realizado recentemente por Richard Robins e outros membros do Departamento de Psicologia da Universidade da Califórnia, por meio da internet. Embora essa via exclua muitas pessoas que não têm acesso ao mundo virtual, o alto número de participantes — mais de trezentos mil — procedentes de múltiplos países, de ambos os sexos e de todas as idades — de nove a noventa anos —, além da alta confiabilidade do questionário utilizado, dá bastante solidez aos resultados obtidos.

A extroversão é um traço muito vantajoso porque permite que por intermédio das palavras organizemos nossos pensamentos, validemos sentimentos e desabafemos. Especificamente em situações estressantes, ao descrever as imagens e os sentimentos que nos constrangem, reduzimos sua intensidade emocional e minimizamos a possibilidade de que se afundem no inconsciente e provoquem ansiedade ou tristeza.

Centenas de investigações demonstram contundentemente que falar é bom para a saúde mental e física da pessoa: fortalece o sistema imunológico encarregado de nos defender das agressões do ambiente e dá vigor à capacidade de adaptação às mudanças e a superar as adversidades. Além disso, a comunicação nos permite compartilhar nosso mundo, nos relacionar com outras pessoas e investir no chamado "capital social" ou em recursos derivados da confiança, da reciprocidade e da conectividade com os outros. As pessoas que se sentem parte de um grupo superam os momentos difíceis muito melhor que as que se encontram isoladas ou carecem de uma rede social de suporte emocional.

O segundo grupo de afortunados quanto à divisão da autoestima são os homens e as mulheres que gozam de uma disposição otimista. Nossa disposição é um traço da personalidade, de nossa forma de ser. A personalidade começa a se desenvolver desde antes do nascimento e é influenciada por forças inatas e adquiridas. Como mencionei muitas vezes, não só nascemos, mas também nos criamos e aprendemos. A perspectiva otimista condiciona de maneira positiva a visão do indivíduo sobre seu passado, seu presente e seu futuro; tinge favoravelmente a maneira habitual de as pessoas perceberem e valorizarem sua biografia, seus atributos pessoais, o estilo de interpretar e explicar os acontecimentos que as afetam e sua perspectiva do amanhã.

Uma visão favorável do passado alimenta a autoestima. Pelo contrário, uma perspectiva derrotista das experiências passadas pode impregnar de conotações negativas a opinião de si mesmo. Os indivíduos otimistas costumam guardar e evocar preferencialmente os êxitos do passado e, invariavelmente, pensam que são eles os responsáveis pelos sucessos. Ao refletir sobre sua vida passada, empregam doses mais generosas ou benignas de compreensão que os pessimistas, e também se consideram com maior frequência isentos de culpa por seus erros. Pelo contrário, os inclinados ao pessimismo tendem a guardar o lado negativo das lembranças e a se ressentir e a se culpar por seus infortúnios.

Quanto ao presente, o normal é que os fracassos nos façam sentir mal. No entanto, as pessoas otimistas, quando cometem erros, não se sobrecarregam de culpa e costumam pensar que as consequências serão passageiras e que eles se recuperarão. Pelo contrário, as de temperamento pessimista se acusam em excesso do ocorrido e tendem a considerar que os efeitos de seus desacertos são irreversíveis e lhes deixarão marcados para sempre. Ante os acertos ocorre o oposto: os otimistas são propensos a pensar que os êxitos são resultado de seu talento e capacidades, e durarão. Os pessimistas, no entanto, tendem a qualificá-los como casualidades fugazes e não repetíveis. Definitivamente, como o psicólogo Martin Seligman demonstrou convincentemente ao longo de sua carreira, o estilo otimista de explicar nossos atos nos estimula a buscar o lado positivo dos erros e a minimizar o impacto das falhas, reforça a sensação de que controlamos nossa vida e nos protege da autovalorização inferior. E, quando adotamos decisões que resultam acertadas, tendemos a nos apropriar dos êxitos, a considerá-los como algo que merecemos.

As expectativas otimistas também protegem a autoestima porque favorecem a visão esperançosa do futuro, estimulam a perspectiva favorável de que "as coisas vão dar certo", o que faz com que a pessoa se predisponha a esse resultado e confie em sua habilidade de conseguir o que se propõe. Essa esperança fomenta a disposição para acreditar que as metas que alguém fixa para si podem ser alcançadas se se estiver disposto a investir nelas a atenção e a força de vontade necessárias.

Terceira parte

5
O lado obscuro da autoestima

"Aqueles que se colocam nos cumes mais altos ficam expostos a serem carbonizados pelos raios das tormentas, e aqueles que descem até os mais fundos precipícios se arriscam a desaparecer no abismo."

Lucrécio, *Atribuição* (80 a.C.)

Narcisismo e violência

> "Muitas pessoas que estão convencidas de sua grande valia utilizam a crueldade como ferramenta preferida para demonstrar seu convencimento."
>
> Roy F. Baumeister, *Egotismo e agressão*, 1999

Do ponto de vista prático, a ineficácia das condutas agressivas e violentas que objetivam conseguir benefícios tangíveis e perduráveis é bastante óbvia. Ninguém coloca em dúvida que as guerras são humanamente devastadoras para a população e para os combatentes de ambas as partes. A maioria dos delitos cometidos por meio da força não soma ganhos econômicos; o terrorismo quase nunca consegue as mudanças políticas que persegue; as violações não costumam gerar prazer sexual; as torturas de prisioneiros raramente conseguem arrancar informação veraz ou útil; o vingativo "olho por olho" termina deixando a todos cegos, e a maioria dos assassinos — até mesmo os que não sentem remorso — acaba admitindo que seu crime foi um desatino.

Perante um balanço tão negativo sobre a utilidade da violência, cabe perguntar: O que motiva os seres humanos a recorrer à agressão cruel contra seus semelhantes?

Numerosos estudos demonstram que o sentido de superioridade, e sua consequente manutenção, é uma das razões mais comuns que impulsionam as pessoas a utilizar o combustível da violência. As provas científicas desse fato são recentes. Como apontei ao explicar os desafios que o estudo do significado da autoestima nos coloca, no mundo da psicologia e da psiquiatria se idealizaram os benefícios da alta autovalorização e, paralelamente, também se exageraram os efeitos malignos da infravalorização de si mesmo. A maioria dos especialistas acreditava até não muito tempo atrás que os perpetradores de quase todos os atos violentos são indivíduos com complexo de inferioridade, gente frustrada consigo mesma, que busca apaziguar seu autodesprezo agredindo pessoas vulneráveis. Mas, pouco a pouco, um crescente acúmulo de evidências científicas vêm indicando que a propensão ao despotismo, ao crime e à violência cruel é uma característica bastante comum em indivíduos narcisistas com alto nível de autoestima.

Por isso, como assinalei a princípio, devemos fazer uma clara distinção entre a alta autoestima saudável ou construtiva a alta autoestima narcisista ou destrutiva. Enquanto a primei-ra reflete uma razoável autovalorização global positiva que o indivíduo faz de suas virtudes, suas capacidades e seus comportamentos gratificantes que alimentam seu bem-estar e desenvolvimento, e o dos outros, a segunda se baseia nas habilidades e nos talentos que nutrem o sentimento narcisista de superioridade, poder, domínio e supremacia sobre outros.

Segundo o mito grego, Narciso era um jovem de grande beleza, cuja exagerada opinião de si mesmo o levou a desprezar todas as ninfas que se aproximavam em busca de sua atenção. Como vingança, as ninfas mais atrevidas confabularam com Nêmesis, a deusa da justa revanche, e incitaram Narciso para que se apaixonasse pelo próprio reflexo na água de um lago. Ele foi arrebatado de tal maneira por sua imagem que não conseguiu apartar a vista dela e até deixou de comer e dormir. Finalmente, preso por sua beleza, tentou acariciar aquela figura que refletia na superfície do lago, mas teve tanto azar que caiu na água e se afogou. O protagonista dessa fábula emprestou seu nome ao transtorno de personalidade narcisista.

Os indivíduos narcisistas são egocêntricos, egoístas, com forte tendência a se vangloriar das próprias aptidões e a tratar os demais com desprezo, como seres inferiores. Alguns são verdadeiros ególatras que não ocultam a veneração que sentem em relação a si mesmos. Essa forma de ser costuma se apresentar durante a adolescência e normalmente persiste ao longo da vida.

Quase todos nós tivemos a oportunidade de conhecer homens e mulheres narcisistas que possuem um sentimento inflado de si próprios. Confiam excessivamente em suas aptidões, são petulantes, envaidecidos, desdenhosos. Essas pessoas mantêm um "grande ego" que alimentam dirigindo exclusivamente afeto e admiração para si mesmas, embora careçam de motivos ou conquistas objetivas para isso. Ensimesmados, são incapazes de se libertar dos sentimentos de grandiosidade que lhes separam dos demais mortais. Um grave problema dessas pessoas é que são incapazes de amar; tampouco sentem empatia, por isso não conseguem participar genuinamente da realidade alheia, nem entrar com apreço e compreensão no sentir dos outros. Essa qualidade natural é precisamente a que permite às pessoas se amar, conviver e se relacionar de modo afetivo umas com as outras.

Prepotência e abuso de poder

A personalidade narcisista leva à prepotência. Assim, tais indivíduos não temem utilizar a força física ou mental, o poder econômico ou político, ou a informação que possuem, quando se propõem a subjugar e humilhar os semelhantes. Indivíduos que irradiam autossuficiência, invulnerabilidade e poder existem em todos os níveis e âmbitos sociais, mas seu comportamento costuma ser mais visível em ambientes nos quais reina a competitividade pura e dura, como é o caso das implacáveis lutas hierárquicas nos órgãos de governo da classe política, das relações trabalhistas das grandes empresas e centros acadêmicos, das organizações religiosas, dos clubes esportivos ou dos grupos dedicados ao crime organizado. Embora mais ocultos, não faltam também tipos narcisistas que fazem estragos no seio familiar e no âmbito escolar. Ainda há os que se recusam a conviver com outros.

Nos anais da História é fácil encontrar tiranos, déspotas, oligarcas e ditadores que governaram motivados por ideologias baseadas em sua suposta superioridade pessoal sobre os cidadãos. Alguns exemplos conhecidos do último século incluem Nicolau II, Adolf Hitler, Mao Tsé-tung, Josef Stalin, Benito Mussolini, Chiang Kai-shek, Francisco Franco, Pol Pot, Tito e Radovan Karadzic. Suas inclinações violentas apareciam assim que percebiam a menor crítica ou lhes parecia que não eram respeitados como deviam ser. Essa suposta supremacia moral ou biológica, aliada ao orgulho de estar sempre em posse da verdade, serviu e ainda serve de justificativa para todo tipo de atrocidades e extermínios de grupos humanos por motivos políticos, religiosos ou raciais.

Todos os manuais de treinamento para "corpos especiais" de indivíduos violentos tentam convencer os aprendizes de "valentões" de que são seres únicos e afortunados por pertencer a uma elite seleta, superior. A prática se popularizou muito nos últimos anos e é parte de programas secretos de instrução de grupos militares seletos como os boinas-verdes americanos, dos torturadores de prisioneiros e de detidos em centros de confinamento para supostos terroristas.

Em relação aos terroristas, acho que hoje não é razoável rotulá-los — como fizeram alguns — como indivíduos com baixa autoestima, que tentam compensar seu sentimento de inferioridade com ataques mortais e indiscriminados. Para mim, todos os homens e mulheres que perpetram essas agressões contra pessoas inocentes consideram que estão em posse da verdade. Uma verdade que os situa também entre os triunfadores, no seleto cluzbe dos eleitos. Justificam seus crimes brutais com uma meta superior que vinculam intimamente com sua missão especial nesse mundo. Utilizam uma lógica grandiosa e desprovida de compaixão que adornam com desculpas políticas ou religiosas, esquivando-se do imenso mar de sofrimentos no qual se afogam suas vítimas. Em geral, os ataques terroristas do último século foram impulsionados por uma cascata de fantasias e de ânsias de supremacia nacionalista. Mais recentemente, o motor do terrorismo se alimenta do fanatismo religioso. Aqueles que estão convencidos de que só seguem o mandamento de Deus para eliminar os "infiéis" sentem-se superiores.

Embora sacrificar-se em nome de um poder superior tenha sido, desde a Antiguidade, uma forma honrosa de sair deste mundo e de aniquilar o inimigo, na atualidade se converteu na arma principal de dezenas de grupos fanáticos que não temem fazer a oferenda máxima da própria vida pela causa. Na mente desses fundamentalistas devotos e violentos, matar por uma causa divina é garantia de existência feliz e eterna no além. O testamento que escreveu Mohamed Atta, chefe do grupo que realizou os ataques de 11 de setembro de 2001 em Nova York, e que pilotava o avião da American Airlines que se espatifou contra uma das Torres Gêmeas, ilustra esse ponto. Atta sentia-se merecedor da recompensa que o Corão reserva unicamente para os mártires. Sua reprodução de salmos do texto sagrado, publicados na imprensa, incluía passagens como esta: "Os jardins do Éden nos estão esperando como heróis com toda sua beleza, e as virgens do paraíso, vestidas com as prendas mais belas, nos aguardam com desejo".

Orgulhos feridos

A autovalorização narcisista, no entanto, é muito vulnerável. De fato, há pessoas de alta, mas frágil, autoestima que tendem a responder com violência quando seu valor intelectual é questionado. Embora uma resposta física violenta contra alguém que colocou em suspeita seus atributos mentais dificilmente sirva para demonstrar algum nível de inteligência, isso as ajuda a compensar a humilhação naquele momento.

As feridas do "ego" narcisista são sempre dilacerantes e perigosas, sobretudo se ocorrem em público. Basta ver as frequentes notícias de motoristas irados que chegam a cometer atos de grande violência contra seus supostos adversários simplesmente porque não se sentiram respeitados. Muitos casos da chamada "fúria da estrada" ocorrem quando um motorista interpreta o comportamento ao volante de outro como insulto pessoal, humilhação que requer revanche e punição imediatas. Convencido de seu valor e de como deve ser tratado, qualquer gesto desrespeitoso, embora não tenha a menor consequência, converte-se em ultraje imperdoável, em autêntica desonra. A última coisa em que pensa o motorista humilhado é que o comportamento do desconhecido colega de estrada não é pessoal, que não tem nada que ver com ele.

Lembro que em 1992 o então prefeito de Nova York, David Dinkins, pediu aos profissionais do Departamento Municipal de Saúde Mental, que eu então dirigia, que estudassem a terrível onda de atos violentos que sacudia os institutos de ensino médio da cidade. A conclusão desse estudo foi que a causa mais frequente de agressões graves entre os alunos era o sentimento de que um companheiro tinha "faltado com o respeito". Um leve empurrão, um olhar, um gesto desdenhoso eram suficientes para provocar represálias ferozes, em alguns casos fatais. Embora a taxa de violência escolar na Espanha não seja tão alta nem as consequências tão mortíferas como nos Estados Unidos, onde o acesso às armas de fogo é relativamente fácil, as causas são muito parecidas. Em um recente artigo do *El País* sobre esse problema, um jovem assediador de dezessete anos explicava: "A vida é uma questão de respeito e, às vezes, ele precisa ser conquistado na base da pancada. Se veem você como o mais *medroso*, acabará sendo perseguido... Aqui ou você pisa ou é pisado".

A verdade é que todos sofrem quando fazem coisas ridículas ou se encontram em uma situação vergonhosa que provoca risadas e zombaria dos demais. No entanto, para as pessoas com caráter narcisista, ficar exposto ao menosprezo de alguém supõe uma ofensa inesquecível e imperdoável. O orgulho narcisista ferido se converte em uma espécie de bomba-relógio. Imagino que quase todos se lembrem de situações nas quais pessoas que se consideravam moralmente superiores responderam com uma agressividade espantosa quando receberam avaliações abaixo da qual elas tinham se outorgado de antemão. É verdade que a paciência para a zombaria tem um limite, como diz o ditado. Mas, no caso das pessoas com caráter narcisista, a tolerância é zero, e as consequências, imprevisíveis.

Um aspecto a levar em conta quando refletimos sobre a alta autoestima narcisista é que suas feridas às vezes chegam a ser tão profundas e irreparáveis que, para os aflitos, a única opção digna é desaparecer. Os sacrifícios narcisistas ocorrem com mais frequência nas culturas que superestimam ou dão grande importância social à "honra". Lembremos que, ao longo da História, o suicídio foi considerado uma alternativa digna para a desonra, como demonstraram Cleópatra, Isócrates, Demóstenes, Sócrates, Sêneca e outros famosos da Antiguidade. E, embora durante dois milênios o cristianismo tenha rejeitado completamente o suicídio, ao garantir aos mártires honra, santificação e felicidade eterna, talvez sem querer, tenha oferecido também um incentivo para o suicídio camuflado de martírio. Às vezes, o autossacrifício tem uma aura romântica, como na sociedade japonesa, que aceitou durante séculos o rito mortal do *harakiri*, ato mediante o qual os honoráveis samurais ou militares a serviço da nobreza abriam as próprias entranhas com uma espada antes de aceitar a desonra.

Verdugos soberbos

A equipe do já citado professor de Psicologia Roy F. Baumeister analisou metodicamente dezenas de investigações que confirmam a alta autovalorização de si mesmos que mostram jovens e adultos com forte inclinação a condutas antissociais. Examinando as histórias desses homens e mulheres, tenho a impressão de que mantêm seu capital de autoestima a custo de roubá-lo dos outros. Esse é o caso de muitas pessoas que maltratam outros na intimidade, de violadores, de assediadores escolares e de criminosos sádicos.

Os tipos antissociais que se autovalorizam muito distinguem-se por sua forte propensão e habilidade para o engano, para a manipulação psicológica dos demais e para a racionalização de seus atos criminosos. Ignoram os direitos dos outros sem escrúpulos, nem compaixão, nem culpa, nem remorso. Buscam situações de protagonismo no contexto da exploração da vítima. Seu objetivo é o controle sobre a vida de seres que consideram vulneráveis. Para esses psicopatas narcisistas, forçar alguém a suportar a dor e a humilhação sem que possam se defender é uma das fontes mais gratificantes de poder, pois converte a vítima em posse, em propriedade.

Numerosos exemplos se encontram no sinistro mundo da violência doméstica, porque a motivação fundamental do verdugo é satisfazer o anseio de domínio sobre a outra pessoa, impondo-se à força e provocando sua absoluta submissão e obediência. Um ingrediente frequente dos maus-tratos na intimidade é o ciúme, que combina a suspeita de infidelidade com o direito de possuir com exclusividade o parceiro ou a parceira. Esses ciumentos graves negam a identidade e a autonomia da outra pessoa. Não passa muito tempo sem que se imponha a força mais bruta e letal em algum lugar do mundo por causa de uma ferida na autoestima narcisista dos amantes ciumentos. Não são poucos os que chegam a matar a sua "metade da laranja" e, em seguida, tiram a própria vida, para assim evitar a vergonha de ter de viver com o orgulho ofendido. Aqueles que queiram se familiarizar com as consequências mortais das feridas da autoestima narcisista no mundo das relações entre casais só precisam consultar a seção de polícia de qualquer meio de comunicação.

Ao longo da História, as façanhas masculinas de coragem, frequentemente, andavam junto com a violência contra a mulher. Daí o mito ancestral do homem valente e conquistador que se apodera das mulheres pela força. É bem sabido que, nas guerras, o acesso sexual ao corpo da mulher do povo derrotado foi considerado parte integrante do butim dos vitoriosos. Nessas circunstâncias, a violação representa uma ação emblemática do poderoso, do vencedor.

A invasão violenta do corpo de outra pessoa supõe ultraje deliberado contra a integridade física e emocional de um ser humano. É um assalto aterrador e degradante, que fere gravemente o equilíbrio físico e psicológico da vítima. Ao mesmo tempo, o estuprador, mais que buscar o prazer sexual, deleita-se principalmente com o sofrimento, o terror e a vergonha de sua presa indefesa. A sensação de poder e de domínio gerada no agressor nutre sua autoestima narcisista destrutiva.

A relação entre a autoestima narcisista e a violência está também representada de modo coletivo na história de muitas nações. Por exemplo, nos Estados Unidos, as décadas em que os homens brancos tiveram a autoestima mais alta e se sentiram a raça superior foram as mais violentas no tratamento da minoria de raça negra. De fato, durante os quase cem anos que durou a escravidão legal (1776-1865), o problema não só foi uma questão de superioridade racista dos brancos sobre os negros, mas também supôs a opressão sexual da mulher de raça negra pelo homem branco. É um dado histórico que o controle da procriação dessas mulheres, além de alimentar o orgulho viril de seus donos, significava o fornecimento regular de crianças escravas, mão de obra segura e barata.

O assédio escolar é outra forma de violência na qual a alta autoestima narcisista destrutiva tem um papel fundamental, como demonstram os estudos já aludidos de Roy Baumeister. Apesar de ser um problema antigo e grave, só nas três últimas décadas esse tipo de violência recebeu atenção pelos efeitos nocivos que provoca. *Bullying* é o termo anglo-saxão — hoje em dia muito divulgado — que nos anos 1970 Dan Olweus, professor de psicologia da Universidade de Bergen, na Noruega, aplicou ao assédio de alunos por parte de seus colegas. As agressões podem ser variadas, desde empurrões, cascudos, chutes ou abusos sexuais, até insultos ou zombarias humilhantes, passando por gestos hostis e vergonhosos, roubos, marginalização ou exclusão social, piadas cruéis, difusão de rumores humilhantes ou acusações falsas.

Os assediadores costumam ser meninos e meninas provocadores que se autovalorizam, em grande medida, por sua capacidade de dominar física ou emocionalmente seus "discípulos". Os rapazes assediadores tendem a utilizar a agressão física e verbal. As meninas também participam, mas costumam recorrer à marginalização, aos boatos e à manipulação das relações pessoais. O martírio prolongado de alunos pelos colegas quase sempre é silencioso ou se mantém encoberto por uma espessa nuvem de tabu, de medo e de mudez. O estigma de inferioridade e de impotência, que marca as crianças assediadas, explica o fato de que não se atrevam a revelar sua situação a familiares e muito menos denunciar os carrascos perante as autoridades do colégio. A maioria das vítimas dessa vingança escolar são rapazes e garotas pacíficos, tímidos, introvertidos e, sobretudo, vulneráveis. No capítulo que segue, descreverei como o medo crônico e sentir-se indefeso aniquilam seriamente a autoestima e o equilíbrio emocional desses jovens.

Antes de finalizar o tema da relação entre autoestima e violência, gostaria de fazer dois breves esclarecimentos. O primeiro é que a associação que vimos entre a alta autoestima narcisista e a inclinação à violência cruel não implica uma relação causa–efeito, mas uma correlação, ou uma relação de companhia ou de correspondência recíproca entre as duas. Em outras palavras, a personalidade narcisista não é necessariamente causa de violência, mas ambas costumam andar juntas.

O segundo ponto, tão reconfortante quanto certo, é que a maioria das pessoas, independentemente de seu nível de autoestima, é compassiva e pacífica. De fato, a rejeição à violência é um dos atributos humanos mais comuns e generalizados. Se não fosse assim, como explicar a sobrevivência, a proliferação e a evolução de nossa espécie durante centenas de milênios? A realidade é que os violentos narcisistas são minoria, embora as consequências de sua presença entre nós sejam tão trágicas, chamativas e comovedoras que, à primeira vista, parecem uma legião.

O ódio a si mesmo

"A faculdade de poder valorizar a si mesmo é uma qualidade essencial do ser humano, mas também uma maldição."

Mark R. Leary, *O ego*, 2004

Os seres humanos nascem com potencial para odiar a si mesmos. É verdadeiramente espantoso, até mesmo para os profissionais acostumados a trabalhar com pessoas profundamente autodestrutivas, o grau de crueldade a que alguns indivíduos se devotam. Assombra a profunda aversão ou o asco que chegam a sentir por seu próprio ser. Esse fato nos leva à conclusão de que a aptidão para nos observar e nos julgar às vezes pode se converter em fonte de grande sofrimento, em verdadeira tortura.

Como explicar o tormento que constrange tantos homens e mulheres que não suportam a si mesmos?

O apreço natural que a maioria das pessoas sente em relação a elas próprias se deteriora por diversos motivos. Baseando-me em minha experiência profissional e nos resultados de estudos que examinei detidamente, posso resumir em quatro as condições que com mais frequência rebaixam de maneira grave a autoestima das pessoas e que podem chegar a impulsioná-las a condutas altamente autodestrutivas: as agressões ou as humilhações traumáticas prolongadas, a identidade de vítima crônica, a perseguição persistente de ideais inalcançáveis e a depressão.

Indefensabilidade maligna

As desgraças e os perigos que afetam a integridade física não necessariamente ferem nossa autoestima. Um terremoto, por exemplo, pode representar uma séria ameaça à vida e não afetar a autovalorização. Pelo contrário, uma dura humilhação no trabalho não supõe risco algum a nossa sobrevivência, mas pode ferir de maneira devastadora nosso amor-próprio. Embora grande parte dos seres humanos supere as piores calamidades, há traumas emocionais tão nefastos e profundos que se entretecem inseparavelmente com o funcionamento do sistema nervoso. Em decorrência, alteram a personalidade, deformam a autopercepção e acabam com as possibilidades de o indivíduo se apreciar e se sentir bem interiormente.

O grau de resistência da autoestima perante qualquer adversidade ou calamidade é algo individual. Depende em grande medida da intensidade, da duração e do significado que damos à situação estressante. Cada um designa subjetivamente significados aos acontecimentos que nos comovem, e utiliza diferentes medidas para defender e proteger o amor-próprio, motivo pelo qual reagimos ante os fatos ruins de distintas formas. Um exemplo que serve para ilustrar esse ponto são os diferentes significados que podemos dar a uma ferida caso seja consequência de acidente provocado por nós ou se for o resultado de imprudência alheia. Igualmente, a cicatriz que deixa uma intervenção cirúrgica que nos salvou a vida não representa emocionalmente o mesmo que a marca causada por um delinquente que nos agrediu, mesmo que ambas sejam idênticas.

Em situações traumáticas, quase sempre o fator mais nocivo para a autoestima é o sentimento de indefensabilidade, a crença de que "façamos o que façamos, nada mudará". Está comprovado que as pessoas que pensam exercer controle sobre as circunstâncias de sua vida, ainda que seja mínimo, resistem melhor aos ataques contra sua autoestima do que as que sentem que não controlam os acontecimentos que as afetam, ou que suas decisões não contam. O prejuízo que ocasionam os sentimentos de impotência e de desamparo se deve ao fato de que eles alimentam em nós a consciência de debilidade, de inutilidade e de fracasso, e nos apresentam uma suposta ineficácia de nossas funções executivas.

Também mencionarei que, nos seres humanos, o medo vai além de ser resposta a uma ameaça ou agressão tangível. Muitas pessoas se sentem indefesas e constrangidas pela ansiedade crônica, por temor perante perigos imaginários ou inconscientes. Os estados graves de desânimo e de inquietação podem se manifestar em tais indivíduos em forma de fobias a animais, a objetos ou a lugares; de angústia generalizada; de medos irracionais hipocondríacos de enfermidades graves; de ataques de pânico; e de pensamentos obsessivos ou atos repetitivos incontroláveis. Essa ansiedade recalcitrante dá lugar a sentimentos de autorrejeição. Além disso, a mistura de medo excessivo, de sentimento de impotência e da sensação de descontrole converte os afetados em seres apreensivos, assustados e complexados. Esses perniciosos estados de ansiedade afetam em torno de 10% da população e são mais frequentes nas mulheres. Felizmente, na atualidade existem tratamentos médicos e psicológicos efetivos para aliviá-los.

A causa mais comum de danos duradouros à autoestima é ser vítima, de maneira continuada, de violência cruel e intencionada por parte de nossos semelhantes. Essas experiências traumáticas persistentes costumam ocorrer em âmbitos nos quais as pessoas não podem escapar dos agressores, seja por motivos físicos, psicológicos, econômicos ou sociais. Por exemplo, no lar, nos colégios ou no local de trabalho.

Além dos danos físicos, a violência familiar duradoura causa nas vítimas graves transtornos de identidade, destrói a autoconfiança e desfigura o significado de sua existência ao descompor o sistema de normas e princípios que dão sentido à vida. Um fator que com frequência agrava a ferida à autoestima é a propensão tão comum de culpar a vítima pelo próprio sofrimento. Essa tendência nutre-se do velho e desgastado raciocínio de que a agressão masculina na companheira satisfaz a "necessidade de sofrer" da mulher, a quem se atribui uma personalidade masoquista, dependente e fracassada. Esse raciocínio disparatado está tão disseminado que não faltam profissionais na área da saúde mental que consideram o masoquismo, ou suposto prazer que experimentam algumas pessoas ao se verem maltratadas ou humilhadas, como um traço típico feminino. Como consequência, a autoestima das mulheres maltratadas se perde ainda mais perante a abrumadora disparidade que sentem entre a traumática experiência real e a interpretação desapiedada que outros fazem dessa realidade. O pior é que muitas vítimas se veem obrigadas a escolher entre manter o próprio julgamento ou se isolar dos demais, exatamente quando necessitam mais de apoio emocional.

Um exemplo flagrante de culpar a vítima são os injustos julgamentos sociais a que são submetidas as mulheres sobreviventes de estupros, mesmo por parte de parentes próximos e seres queridos. Em muitas sociedades, não se reconhecem as agressões sexuais não sangrentas como violações reais e se tende a responsabilizar a mulher e a culpá-la sutilmente de ter causado a própria desgraça. Alimenta-se a cruel expectativa de que toda mulher deve resistir ante o agressor, ainda que corra o risco de perder a vida. A mensagem à ultrajada costuma ser: "uma mulher não pode ser estuprada se não o permitir". Essa atitude de seus semelhantes explica os sentimentos de culpabilidade e de autorrejeição que afligem a tantas vítimas de estupro.

O dano à autoestima das crianças presas em ambientes de contínua violência ou de exploração sexual é especialmente devastador. O desafio mais amargo a que esses pequenos indefesos estão expostos é sobreviver física e mentalmente em um ambiente incerto, perigoso e impregnado de terror, e, ao mesmo tempo, conviver com pessoas cruéis nas quais não podem confiar de jeito nenhum. Inevitavelmente, quando elaboram explicações que os ajudem a entender sua situação, a maioria dessas criaturas conclui por culpar-se e se odiar, convencidas de que a causa de sua terrível situação é a própria maldade. Por tudo isso, não deveríamos estranhar os efeitos demolidores no longo prazo que essas terríveis experiências da infância exercem sobre a autoestima dos que delas são vítimas. Está amplamente demonstrado, como analisei em detalhe no meu livro *Las semillas de la violencia* [As sementes da violência], que essas crianças, a partir dos 22 anos, têm quatro vezes mais probabilidade de sofrer de depressão e de tentar o suicídio que o resto da população em geral.

Já comentei que os colégios constituem outro ambiente que se presta à agressão sádica e repetida da autoestima de meninos e meninas vulneráveis, incapazes de escapar da tirania de seus carrascos narcisistas. Cada dia na escola desencadeia nos alunos perseguidos a angustiosa expectativa de serem feridos e humilhados. Com a passagem do tempo, o venenoso acúmulo de medo e de indefensabilidade os paralisa, constrange o horizonte de suas aspirações e mina a confiança em si mesmos.

Grande parte das vítimas de assédio escolar digere sua raiva em silêncio e se consome no autodesprezo. No final, se deprimem, se isolam e se aborrecem. Não faltam aqueles que são levados, pelo desespero, ao precipício e decidem tirar a própria vida. No Reino Unido, onde se acumulam os suicídios associados ao assédio escolar, calcula-se que anualmente pelo menos dezesseis estudantes escolhem esta última saída.

No entanto, nem todos os escolares suicidas que são martirizados por seus colegas optam por uma retirada individual, calada e melancólica deste mundo. Alguns resolvem despedir-se com uma orgia mortífera de revanche sanguinária. Lembremos como, em uma manhã de abril de 1999, Eric e Dylan, dois adolescentes alunos do colégio Columbine, em Litleton (Colorado, Estados Unidos), entraram sorridentes na escola e começaram a disparar freneticamente contra seus companheiros. Em apenas dezesseis minutos, esses dois rapazes, enlouquecidos pelo ódio a si mesmos e ao mundo, acabaram com a vida de doze colegas e um professor, feriram outros vinte estudantes e terminaram se suicidando. "Fazemos isso porque vocês riram de nós o ano passado", gritaram antes de se suicidar.

Três anos depois, um jovem de dezenove anos entrava no instituto Gutenberg, de Erfurt, na Alemanha, de onde acabara de ser expulso, segundo ele, injustamente. Robert assassinou a tiros e sem pestanejar treze professores, dois alunos, uma secretária e um policial. No final, também optou pelo suicídio. "Algum dia, demonstrarei a vocês que posso chegar a ser famoso", tinha dito muitas vezes aos colegas que riam de suas dificuldades acadêmicas. Em março de 2005, Jeff, de dezesseis anos e com uma penosa experiência de ter sido submetido a humilhações por outros alunos, executou os avós em sua casa em Red Lake (Minnesota, Estados Unidos). Em seguida foi ao colégio, onde crivou de balas cinco colegas, um professor e um guarda. Depois, disparou mortalmente contra o próprio rosto. E, em novembro de 2006, Bastian, de dezoito anos, entrou em seu instituto em Emsdetten, na Alemanha, armado até os dentes e feriu gravemente a tiros trinta pessoas, antes de se suicidar. Na nota suicida escreveu: "A única coisa que me ensinaram intensamente no colégio é que sou um perdedor e que não mereço nenhum respeito".

Esses casos, embora excepcionais e extremos, são outra ilustração do extraordinário potencial de destruição que implicam as autoestimas feridas.

Como no ambiente escolar, o local de trabalho, onde passamos em média 40% do tempo que estamos acordados, é outro cenário no qual homens e mulheres estão expostos a danos graves à autoestima.

É verdade que, na atualidade, a exigência do trabalho não é tão brutal como antigamente e suas funções se diversificaram. Como resultado, para muitos, um emprego não é só um meio de conseguir o pão cotidiano, mas, além disso, supõe uma fonte positiva de identidade pessoal e social que os ajuda a se definir e se valorizar. Mais adiante, tratarei das parcelas de satisfação com a vida e de como são muitos os que afirmam que seu trabalho é gratificante, além de lhes fomentar o sentido da própria competência. Nesses casos, no entanto, a perda inesperada do emprego pode significar um duro golpe ao equilíbrio emocional. A demissão, além do impacto que possa ter na segurança econômica do afetado, geralmente é interpretada como um humilhante fracasso pessoal. Do mesmo modo, a aposentadoria forçada com frequência é causa de ansiedade e desânimo, especialmente quando um emprego representou durante anos a fonte principal de gratificação pessoal e reconhecimento social.

O ambiente de trabalho se converte, em muitas ocasiões, em terreno fértil para a agressão e o abuso. Embora a pressão continuada e excessiva no trabalho possa alterar de forma temporal nosso estado de ânimo e a percepção de nós mesmos, as pessoas perseguidas de maneira sistemática, assediadas ou agredidas por colegas e chefes sofrem sérios traumas emocionais que afetam gravemente sua autoestima.

Um acúmulo de investigações levadas a cabo pelo professor Heinz Leyman, da Universidade de Umeå, na Suécia, e por outros psicólogos europeus durante os anos 1990 demonstra a considerável miséria mental, física e social que sofrem os empregados vítimas de assédio por parte de um ou de vários membros do próprio grupo de trabalho, com a cumplicidade ou a indiferença do restante. Os danos emocionais que sofrem essas pessoas podem ser graves e duradouros, embora o assédio só ocorra uma vez por semana durante poucos meses. O professor espanhol José Luis González de Rivera, que investigou extensamente esse tipo de agressão grupal — também conhecida pela palavra inglesa *mobbing*, ou "assédio em massa" —, mostra no livro *El maltrato psicológico* [Os maus-tratos psicológicos] que as vítimas costumam se caracterizar por serem pessoas brilhantes, consideradas competitivas pelos colegas, empregados empreendedores que pretendem impor reformas, ou indivíduos simplesmente diferentes do resto do grupo que mostram sua vulnerabilidade.

Como ocorre entre as vítimas do assédio escolar, que em sua maioria se deprime, se isola e dirige sua frustração e raiva contra si mesmas, os assediados no trabalho também tendem a sofrer depressão ou outros sintomas de trauma emocional como ansiedade, pensamentos obsessivos relacionados com as situações de assédio, e até ideias suicidas. Tampouco faltam aqueles que afundam ante a insuportável pressão, perdem a cabeça e optam pela revanche sangrenta. Por exemplo, nos Estados Unidos, 10% de todos os atos de violência que ocorrem em locais de trabalho são realizados por empregados perseguidos e humilhados por colegas, segundo o FBI. Os dados oficiais mostram que, entre 1992 e 2001, cinquenta empregados tiraram a vida no local de trabalho depois de assassinar cinco companheiros ou supervisores, em média.

Como anedota, mencionarei que, nos Estados Unidos, os estabelecimentos dos Correios se situam entre os cenários preferidos para esses trágicos acontecimentos. Desde agosto de 1986, quando catorze empregados dos Correios da cidade de Edmond, em Oklahoma, foram assassinados a tiros pelo carteiro Patrick Sherrill antes de ele cometer suicídio, os incidentes mais mortíferos e divulgados desse tipo ocorreram em centros postais. Por isso, desde princípios dos anos 1990, a gíria popular adotou a expressão "ficar postal" — *going postal* — para descrever a fúria ofuscante que transforma alguém geralmente normal em um ser bastante violento, dentro ou fora do local de trabalho.

Vítimas perpétuas

Através da História, incontáveis homens, mulheres e crianças foram maltratados e martirizados intencionalmente por companheiros, mas até pouco tempo atrás costumavam passar despercebidos fora do ambiente familiar. A razão é que o uso da força bruta para resolver disputas ou aplacar frustrações era prática comum e corrente. Além disso, para grande parte dos habitantes do planeta, a resignação ante os desastres constituía um mecanismo fundamental de sobrevivência. A justiça e a felicidade eram ilusões póstumas. "Bem-aventurados os perseguidos e os que choram, porque deles é o reino dos Céus", diz a Bíblia.

Graças aos avanços da civilização em todas as suas facetas, viver razoavelmente livre, seguro e completo deixou de ser utopia e se converteu em expectativa normal e até em direito. Não é de estranhar, pois, que cada dia mais pessoas se indignem ante as notícias de seres inocentes agredidos injustamente. Outro fator que contribuiu com o auge da preocupação social pelos prejudicados pela violência foi a divulgação, na década de 1980, do diagnóstico de estresse pós-traumático, verdadeiro emblema dos graves transtornos emocionais que afligem pessoas que vivem situações extremas de terror e indefensabilidade. Os sintomas mais frequentes desse sofrimento incluem a repetição incontrolável de imagens do ataque sofrido, a tristeza, o isolamento social e as fobias a situações que possam trazer à memória o acontecido. Essa alteração mental afeta principalmente aqueles que sofrem na pele tais assaltos, mas também pode afligir seus seres queridos e as testemunhas dos acontecimentos.

Hoje, nos países ocidentais, as vítimas de desgraças gozam de uma consideração social sem precedentes. Nunca as pessoas que sofreram atrocidades nas mãos de seus semelhantes foram tratadas com tanto respeito, solidariedade e generosidade por parte dos cidadãos, dos líderes sociais e das instituições públicas e privadas. De fato, nos últimos anos se multiplicaram as associações criadas pelas vítimas. Nos Estados Unidos, por exemplo, há registradas umas trezentas organizações sem fins lucrativos muito ativas, com centenas de filiais espalhadas por todo o país, que utilizam o termo "vítima" no nome.

Ao longo de minha vida profissional pude constatar muitas vezes o bom trabalho que exercem essas organizações no momento de proporcionar apoio psicológico, social e material às pessoas abatidas por terríveis desventuras. Está demonstrado que quando nos vemos obrigados a encarar os danos que ocasionam os desastres humanos, independentemente do tipo, todos nos beneficiamos do amparo e do suporte dos demais. Que nossos semelhantes validem a realidade da experiência desafortunada e legitimem seus efeitos nos reconforta e, por isso, facilita o restabelecimento dos afetados. Da mesma forma, a união afetiva com outros prejudicados pela mesma calamidade é proveitosa porque estimula o sentimento de universalidade. "Essa tragédia não ocorreu só comigo", costumamos pensar.

Sem diminuir nem um pouco os benefícios que trazem as associações de vítimas, como ocorre com os melhores remédios, acho que não é prudente ignorar os possíveis efeitos secundários sobre a identidade que desenvolvem algumas vítimas e, em consequência, os efeitos desenvolvidos sobre sua autoestima. Concretamente, segundo minha experiência, o papel estelar e o intenso protagonismo que adquirem alguns grupos de agredidos podem atrasar a reabilitação psicológica de seus membros mais vulneráveis. É compreensível que, para certos indivíduos, não seja fácil renunciar ao poder moral e às vantagens sociais que às vezes confere a figura de vítima e a filiação a esses grupos. Mas aqueles que incorporam permanentemente essa identidade a seu "eu" correm o perigo de vincular sua autoestima a um papel público e privado de vítima.

O caráter de vítima supõe um pesado obstáculo que debilita e estanca as pessoas no passado doloroso, mantendo-

-as escravas do medo e do rancor, exigindo um ajuste de contas. A obsessão crônica com os malvados que destruíram suas vidas os impede de fechar a ferida e virar a página. Virar a página não implica negar nem esquecer o ultraje, mas entendê-lo como um golpe doloroso iniludível, dos muitos que a vida impõe, e que se integra na própria autobiografia como uma terrível tragédia, mas também como experiência trágica que foi superada.

É um fato que os feridos por acontecimentos traumáticos que obtêm só de forma temporária o "passaporte de vítima" se recuperam melhor que aqueles que, consciente ou inconscientemente, se aferram a essa "nacionalidade" por tempo ilimitado. No geral, os que passam do estado subjetivo de vítima ao de sobrevivente em um período aproximado de um ano e percebem as feridas do passado como cruéis desafios que venceram, retomam antes o timão do barco de sua vida. Naturalmente, as pessoas que sofreram agressões e abusos continuados durante anos, como as mulheres e crianças maltratadas, necessitarão de mais tempo do que os afetados por uma única agressão. Mesmo assim, essa transição vítima–sobrevivente é saudável para todos porque diminui a intensidade dos sentimentos de descontrole e de impotência associados à experiência traumática, o que lhes permite voltar a se colocar novas metas com entusiasmo.

Como o percurso imprevisível que faz a folha ao cair da árvore, o rumo de nossa vida invariavelmente se altera por infortúnios inesperados que quebram o equilíbrio vital e nos convertem em vítimas. Nessas circunstâncias, a melhor ajuda que podemos receber é a que inclui compreensão, apoio, respeito e estímulo para recuperar o quanto antes a capacidade de criar, nós mesmos, o próprio destino.

Fome de perfeição

No que se refere ao efeito daninho que provoca, sobre a autoestima, a perseguição de ideais impossíveis de serem conseguidos, recordemos que os valores da sociedade em que vivemos — que frequentemente transformamos em cruéis "deveres" — tanto se relacionam à aparência física como às aptidões psicológicas, e nos servem de ponto de referência na hora de formar as próprias aspirações. Quanto maior é a discrepância entre nossos modelos de perfeição e as possibilidades de alcançá-los, mais difícil nos resultará manter opinião favorável de nós mesmos. O desequilíbrio permanente entre anseios e conquistas é, pois, outra das causas mais comuns de baixa autoestima. As exigências e as ambições frustradas fomentam a insatisfação, a amargura e a rejeição de si mesmo, sentimentos que podem derrubar o ego das pessoas e empurrá-las a condutas autodestrutivas.

Muitos homens e mulheres se defendem desses penosos sentimentos anestesiando com álcool ou drogas sua consciência do fracasso. No longo prazo, essas substâncias viciantes minam o sentido de controle sobre suas vidas e agravam o naufrágio moral e a decepção consigo mesmos que já acarretavam. E é por isso que os vícios, tanto em relação a bebidas alcoólicas quanto às drogas, podem ser causa e efeito de uma autoestima pobre ou deteriorada. Por exemplo, a sensação de impotência, de descontrole e de estar à deriva que acompanha os vícios fomenta o desprezo e a autorrejeição nos jovens e adultos "seduzidos". Paralelamente, investigadores europeus e americanos que seguiram de perto milhares de adolescentes durante anos confirmam que os jovens que se infravalorizam e se consideram incapazes ou incompetentes têm maior probabilidade de abusar do álcool ou das drogas que aqueles que se autovalorizam positivamente e se sentem satisfeitos com sua maneira de ser.

Curiosamente, um grupo de alterações da conduta alimentar — a anorexia, a bulimia e a obesidade — que está estreitamente vinculado à autoestima ferida pode ser entendido como resultado dos efeitos que têm sobre a pessoa a perseguição inútil de metas inacessíveis e a predisposição aos vícios.

Em nossos tempos, é evidente que a sociedade ocidental fomenta expectativas inalcançáveis de perfeição física e nutre a obsessão com o corpo. Infelizmente, diante do esforço infatigável de tantas pessoas por alcançar a silhueta juvenil, delgada e sensual que hoje a cultura e a indústria da beleza glorificam, a realidade é que esse ideal se encontra fora das possibilidades biológicas da maioria. Em muitos casos, essas ambições irrealizáveis se transformam em ilusões malignas que, além de destruir qualquer possibilidade de autoaceitação, servem de guia para o curso de graves e até mortais enfermidades causadas pela má alimentação.

A anorexia se caracteriza pela aversão obsessiva e inquebrantável à comida, que se traduz em um peso inferior a 85% do normal, terror a engordar, distorção da imagem do próprio corpo, amenorreia ou falta de fluxo menstrual, e uma atitude de indiferença ou negação do problema. Na bulimia, além da distorção da percepção do corpo e a fobia à gordura, são característicos os episódios repetidos de exagero, nos quais a pessoa ingere grandes quantidades de comida com rapidez e sem controle, seguidos de vômitos autoprovocados e de sentimento de culpa. Em ambas as doenças, são frequentes os jejuns prolongados, as dietas rigorosas, os exercícios exaustivos e o abuso de laxantes, diuréticos ou pílulas que interferem na absorção de alimentos ou eliminam a fome.

A obesidade consiste na acumulação excessiva de gordura ou sobrepeso superior a 40% do limite aconselhável para a altura da pessoa. As pessoas obesas, embora não costumem recorrer a medidas extremas para emagrecer, são em geral igualmente escravas do espelho e da balança, e sentem grande dificuldade para distinguir entre o apetite pela comida e estados emocionais como a ansiedade, a frustração, o estresse ou a tristeza. Essas pessoas têm em comum com as bulímicas a incapacidade de frear sua voracidade e de se sentirem saciadas, assim como os sentimentos de culpa e uma autocrítica mordaz.

Além do papel que a influência das mensagens e os valores da sociedade sobre a figura corporal ideal representam nesses transtornos, a tendência ao vício também desempenha papel preponderante. Quase todas as pessoas anoréxicas reconhecem em algum momento de sua enfermidade que o estado de desnutrição é viciante porque satisfaz alguma necessidade emocional importante, como o autocontrole ou a assexualidade, e serve para aliviar a tensão nervosa ou o estresse. Para os enfermos bulímicos ou obesos, aplacar a dor crônica da fome, real ou imaginária, é uma forma compulsiva de satisfazer necessidades afetivas, mais ou menos inconscientes, e de acalmar a ansiedade, a solidão ou a tristeza. Seja como for, os atingidos por essas doenças, além de sofrer complicações médicas e até mesmo morrer prematuramente, têm, em comum, a rejeição de sua imagem física e de si mesmos como pessoas.

Autodesprezo melancólico

O veneno mais nocivo da autoestima saudável é a depressão. O motivo é que a depressão obscurece e desfigura sem piedade a capacidade para nos avaliar, rouba-nos a esperança e consome o anseio de viver. A depressão é causa e efeito da baixa autoestima. Não só menospreza seriamente a autovalorização, mas frequentemente é um sintoma da autoestima ferida por outras causas. Muitas pessoas experimentam, em algum momento, a capacidade desse mal para destruir suas vidas. A melancolia impregna de culpa e de autocrítica corrosiva nossa biografia, destroça a ilusão pelo amanhã e nos rouba o apreço por nós mesmos. Como descrevi em *La fuerza del optimismo* [A força do otimismo], a depressão é uma forma de pessimismo patológico que nos impregna de negatividade e de remorso sem bases reais, obscurece nossa perspectiva de vida e nos enche de ódio contra nós mesmos.

Quando falo de depressão não incluo os momentos de tristeza que salpicam nossa vida. É normal sentir-se abatido e desconsolado quando perdemos um ente querido, ou decepcionado e angustiado quando rompemos uma relação sentimental. Também é normal que nos sintamos atemorizados e questionemos nosso valor se nos demitem inesperadamente do trabalho. Em certas ocasiões, a causa da queda e do tédio se encontra em algum transtorno físico, como a hepatite, a anemia, o câncer ou o hipertireoidismo.

A depressão é outra coisa. Implica uma mudança de estado de ânimo persistente e perceptível para si mesmo e para as pessoas que nos conhecem, com duração de pelo menos duas semanas. Nos países do Ocidente, aproximadamente 45% da população sofre pelo menos um episódio ao longo de sua passagem pelo mundo. Segundo o mais recente estudo da Organização Mundial da Saúde (2006), nos países desenvolvidos, a depressão se converteu na enfermidade que tem maior impacto social e se espera que continue nesse triste primeiro lugar durante os próximos 25 anos. Parte da razão é que menos da metade dos episódios de forte depressão é diagnosticado corretamente e, desse grupo, só seis em cada dez atingidos recebem tratamento eficaz.

Um estado de melancolia especialmente maligno é o que aflige certas mulheres depois do parto. Nos Estados Unidos, calcula-se que uma em cada sete mães primíparas sofre um episódio de depressão durante as quatro semanas posteriores ao parto. Embora não conheçamos a causa exata dessa doença, pensa-se que o motivo mais provável sejam as drásticas mudanças hormonais que se produzem na mãe por conta do parto. A depressão pós-parto afeta seriamente a mãe, altera os vínculos maternais com o bebê e pode produzir transtornos a curto e longo prazos no recém-nascido. Segundo estudos recentes analisados por Catherine Wisner, psiquiatra e ginecologista da Universidade de Pittsburg, na Pensilvânia, a variedade dos efeitos prejudiciais da depressão materna nas crianças pequenas inclui atraso no desenvolvimento mental e físico do indivíduo, problemas de comportamento e baixa autoestima.

Quando nos deprimimos, ficamos tristes, desanimados e desmoralizados. Soluçamos com facilidade, nos comportamos de forma irritável ou impaciente com os outros, torna-se difícil se concentrar e perdemos o interesse pelas coisas e atividades que até então nos entusiasmavam, entre elas as relações sexuais. Alteram-se o sono, o apetite e a energia. As pessoas deprimidas sentem-se indignas de afeto e não desfrutam da companhia dos seres queridos, por isso se isolam e, ao irradiar amargura e pessimismo, os demais também se distanciam delas.

A depressão interfere na capacidade de concentração, exceto na hora de nos desprezarmos. Estimula a nos sentir culpados por qualquer desgraça, própria ou alheia, real ou imaginária, e inclusive a nos considerar merecedores de infelicidade. As constantes autocríticas corrosivas se convertem em argumentos que alimentam o convencimento de que a vida não tem sentido e de que o melhor é estar morto. Precisamente o suicídio é a consequência mais amarga, trágica e fatal do estado permanente de autodesprezo. A seguinte nota ilustra esse ponto e foi escrita por um jovem nova-iorquino de 25 anos em seu diário duas semanas antes de pular do oitavo andar e morrer: "A cada manhã me olho no espelho e não gosto do que vejo. Não gosto de minha cara. Não gosto de mim como pessoa. Termino odiando-me profundamente. Além disso, penso que, independentemente do que fizer, nunca estarei contente. A situação é bastante desesperadora. Nem minha família nem meus colegas me entendem; não ligo para eles. Realmente, tenho raiva deles. Estou farto. A vida é uma merda. Mas a morte também é. Tudo é uma merda!"

A Organização Mundial da Saúde calcula que, a cada ano, aproximadamente 2.300 pessoas tiram a vida voluntariamente, e para cada uma que consegue, vinte tentam sem êxito. Para cumprir a decisão de se eliminar para sempre, uns se envenenam ou pulam de edifícios, outros se matam com um tiro ou se enforcam. Também há aqueles que simulam acidentes ou provocam alguém para que atue como carrasco.

Um amargo fio condutor de desesperança e ressentimento une aqueles que, vencendo o instinto de conservação, tiram a própria vida antes de chegar ao final natural de sua existência. Embora algumas fantasias suicidas deixem entrever a aspiração dos atormentados por um além melhor, para a maioria a decisão de desaparecer é a confissão do profundo ódio a si mesmos que os domina no auge do desespero. Para os suicidas que estão à beira da morte, os argumentos mais persuasivos que apoiam seu valor como pessoa parecem absurdos. Até mesmo quando esses atormentados não materializam o suicídio, a morte os visita mais cedo. A razão é que as pessoas deprimidas que suportam dia após dia uma autoestima que está quase no chão se alimentam mal, costumam fumar, consomem álcool em excesso e são propensas a sofrer acidentes. Por isso, sua expectativa de vida é significativamente inferior à da população em geral.

Para alguns especialistas, o suicídio é uma espécie de "autoassassinato", um homicídio invertido no qual o ódio é dirigido contra si próprio. Sigmund Freud considerou, em 1913, que "o impulso suicida é um autocastigo". Os sentimentos de autorrejeição do suicida são funestos e se refletem em desejos de se destruir, de ser assassinado e de morrer.

Infelizmente, ainda não se descobriu o antídoto perfeito nem a cura infalível para a depressão. Mas dispomos de tratamentos farmacológicos e psicoterápicos bastante eficazes. Hoje, a melhor forma de nos proteger é mediante a detecção precoce dos sintomas e o tratamento imediato.

Apesar da abundância de males que ameaçam e atacam nossa autoestima, e fomentam o ódio a si mesmo, não devemos esquecer que a maioria dos seres humanos se autovaloriza favoravelmente e sente que merece viver. De fato, quase todos demonstram isso aspirando a uma vida completa e saudável, e celebrando sua existência até o final.

6

Autoestima aplicada

"De todos os julgamentos que fazemos ao longo da vida, nenhum é tão relevante como o que fazemos sobre nós mesmos, porque esse julgamento é o motor de nossa existência."

Nathaniel Branden, *Honrando o eu*, 1983

"A felicidade parece estar feita para ser exercida e compartilhada."

David G. Myers, *A busca da felicidade*, 1992

Ao longo de nosso trajeto por este mundo, quase todos vivemos situações muito diversas e inumeráveis momentos que nos alegram a vida. Exceto essas memoráveis ocasiões felizes, programadas ou imprevistas, que conscientemente gravamos para sempre na autobiografia, os instantes agraciados só costumam deixar uma marca de deleite temporal. No entanto, se pararmos para pensar sobre quais foram as experiências mais agradáveis e tentarmos identificar as parcelas primordiais de nossa felicidade, a maioria de homens e mulheres, independentemente da idade, personalidade, estrato social ou do país onde vivam, aponta as relações afetivas com outras pessoas, podendo ser amorosas, familiares, de amizade ou de simples conhecidos, com os quais compartilham interesses, valores ou alguma causa comum. Em segundo lugar, costumam escolher o trabalho no sentido amplo da palavra; refiro-me àquelas ocupações ou atividades gratificantes, remuneradas ou não, que implicam certo esforço e o emprego de nossas habilidades ou talentos.

Relações afetivas

A conexão entre relacionamentos e autoestima é de mão dupla. Quase todas as pessoas que gozam da capacidade para construir e manter boas relações consideram que esses vínculos afetivos constituem um componente fundamental do conceito de si mesmas e somam pontos para a autovalorização. Ao mesmo tempo, as pessoas com autoestima saudável costumam conectar-se melhor e desenvolver boas relações com os outros, e se sentem mais seguras e confiantes em situações de intimidade do que as que se infravalorizam ou do que aquelas cuja alta autovalorização está baseada em qualidades narcisistas de domínio e de poder sobre os demais.

Muitas pessoas são conscientes de que as relações gratificantes protegem sua autoestima em momentos de grande vulnerabilidade. Está mais que demonstrado que, desde a infância até o último dia da vida, as boas relações afetivas constituem o melhor antídoto contra as consequências nocivas de qualquer ameaça contra a própria identidade. A coesão familiar, o amor do casal, o espírito fraternal e o "idealismo solidário" são fatores protetores do "eu". A união com nossos companheiros de vida constitui um remédio muito eficaz contra todo tipo de adversidade, seja um fracasso pessoal, uma grave enfermidade, a perda de um ser querido, um desastre natural, um percalço imprevisto ou uma agressão cruel, física ou mental. Os indivíduos que se sentem genuinamente vinculados a outros seres próximos superam os desafios e obstáculos, que lhes coloca a vida, melhor e mais rapidamente que aqueles que não contam com o suporte emocional de algum semelhante.

Isso me traz à memória a história do psiquiatra francês Boris Cyrulnik. Nascido em uma família judia que emigrou da Rússia para a França, Cyrulnik escapou, quando só tinha seis anos, de um campo de concentração nazista, no qual pereceram todos os familiares. Depois de passar uma infância errante nos diversos orfanatos e com famílias que o acolheram, estudou medicina e alcançou o posto de professor de psiquiatria da Universidade francesa de Var, onde é um reconhecido especialista nos efeitos das experiências traumáticas. Segundo esse psiquiatra, a capacidade para resistir e superar as agressões continuadas — o que ele e outros especialistas hoje chamam resiliência — depende de múltiplos fatores inatos e adquiridos, mas um indispensável para que qualquer vítima "possa construir uma nova vida suportável, com sentido, e inclusive feliz" é que encontre certo nível de apoio emocional, mesmo que seja de uma só pessoa.

A prática da medicina me proporcionou incontáveis oportunidades para observar indivíduos desafortunados que, com a ajuda e o afeto de algum ser querido, convertem as dificuldades em estímulos vitais, as desgraças em possibilidades, e acabam se sentindo orgulhosos de sua luta. Nos alfabetos chinês e japonês, curiosamente se utiliza o mesmo símbolo para expressar "crise" e "oportunidade".

Sentir que se pertence a um grupo solidário revalida o conceito de si mesmo, e um bom conceito de si mesmo facilita, por sua vez, a inserção em um grupo solidário. Em uma série de experiências realizadas pelo já citado professor de psicologia Mark R. Leary, com a participação de quase mil universitários, os estudantes com bom nível de autoestima tinham altas probabilidades de se sentir "incluídos" no grupo e de perceber valorizações positivas por parte de seus colegas. Pelo contrário, aqueles com autoestima pobre, tanto por estar ferida por experiências traumáticas passadas ou por estados depressivos, ou ainda os que eram do tipo narcisista, tinham dificuldade para se integrar e se mostravam inclinados a se sentir "excluídos", ou pensavam que seu comportamento era valorizado negativamente pelos colegas.

Todas as relações afetivas, de qualquer tipo, requerem "manutenção", adaptação e capacidade de resistência por parte de seus integrantes. É necessário prestar contínua atenção e empenhar esforços para lidar com as vicissitudes e as mudanças inevitáveis que acompanham a passagem do tempo. Nos casais, por exemplo, os ajustes são indispensáveis para responder às vicissitudes, como as exigências ou os problemas dos filhos, as agonias profissionais e econômicas, as mudanças inesperadas ou as doenças. As pessoas que possuem a habilidade para eludir ou superar esses obstáculos sentem-se eficazes, algo que levam em conta na hora de se valorizar. Também é certo que uma autoestima saudável pode ajudar a vencer esses desafios, pois estimula a confiança em si mesmo, a força de vontade e a esperança.

A insegurança de si mesmo ou a insensibilidade egocêntrica sufocam a capacidade para negociar as desavenças ou os conflitos entre as pessoas. Aqueles que se sentem por baixo ou indignados pelas pequenas ofensas do companheiro, de familiar ou de amigo, quase sempre terminam distanciando-se. Uns, impulsionados pela culpa e pelo autodesprezo; outros, pela raiva e pela obsessão com a desforra. É um fato cotidiano que homens e mulheres com amor-próprio frágil têm grande dificuldade para suportar as inevitáveis tensões que caracterizam os relacionamentos. Até mesmo nas uniões que terminam em ruptura, na penosa hora de se separar, as pessoas que gozam de autoestima razoavelmente sólida superam melhor o difícil momento.

Ocupações

A outra fonte da qual muita gente obtém uma dose de gratificação na vida são as ocupações, sejam responsabilidades profissionais remuneradas, sejam atividades criativas, intelectuais, físicas, de entretenimento ou tarefas voluntárias. São muitos os que preferem se esgotar a se oxidar.

As melhores ocupações são aquelas que nos colocam um desafio superável e que requerem colocar à prova nossas aptidões intelectuais, sociais ou físicas. O conhecido psicólogo trabalhista da Universidade de Chicago, Mihaly Csikszentmihalyi, criou o termo "fluidez mental" para se referir ao estado de consciência prazeroso que produzem em nós as atividades que absorvem e abstraem. O trabalho ideal nos estimula, nos implica e exige de nós sem ultrapassar nossas possibilidades.

À medida que se prolonga a duração da vida e que, no geral, a jornada de trabalho é reduzida, a qualidade de outras atividades e ocupações é revalorizada, e seu impacto no conceito de nós mesmos e em nossa autoestima se torna mais significativo. Hoje, temos mais tempo livre que nunca para nos voltarmos a nossos interesses, expressar criatividade e colocar em prática valores sociais.

No terreno do exercício físico, a sensação de estar conectado ao próprio corpo e a capacidade de dirigir os movimentos e as tarefas também fazem parte da identidade da pessoa e frequentemente são fontes muito ricas de gratificação. Talvez por isso, desde o amanhecer da humanidade e em todas as culturas, foi inventada uma infinidade de jogos, danças, esportes e atividades físicas para aproveitar as habilidades do corpo. Mas isso não é tudo. Há várias décadas sabe-se que os homens e as mulheres que fazem exercícios regularmente não só vivem mais anos como também desfrutam de um estado de ânimo mais positivo e de uma imagem melhor de si mesmos do que aqueles que optam pelo sedentarismo. Isso se dá porque a atividade física em qualquer idade nos ajuda a resistir melhor ao estresse e nos protege, em grande medida, da ansiedade e da depressão ao estimular a produção de serotonina e dopamina, substâncias que exercem efeitos antidepressivos.

Em 1986, o professor da Universidade de Stanford, Albert Bandura, batizou com o nome de *autoeficácia* a convicção de que possuímos a capacidade de executar as ações necessárias para conseguir o que desejamos. Essa determinação fortalece o apreço de si mesmo e fomenta pensamentos como "eu posso", "estou preparado", "tenho o talento para conseguir". Os que se consideram ineficazes em qualquer atividade a que se proponham são propensos a dizer a si mesmos: "não posso", "estou seguro de que vou falhar", e quase sempre excluem a parcela das ocupações de seu conceito pessoal ou lhe tiram a importância com o objetivo de manter sua autoestima em nível aceitável.

Como ocorre com as relações afetivas, a conexão ocupações/autoestima é também de mão dupla. As pessoas que se sentem eficazes e competentes em seu trabalho ou ocupação costumam incluir essa parcela positiva de sua vida na hora de se autovalorizar. O oposto também ocorre. Aqueles que gozam de autoestima global saudável costumam realizar as atividades de trabalho ou praticar os interesses com mais confiança, e têm mais probabilidades de conseguir os objetivos nessa parcela da vida, e de desfrutar deles, do que os indivíduos que se infravalorizam.

A valorização que fazemos de nós mesmos molda nossas expectativas e aspirações no mundo do trabalho e anima a imagem que projetamos no ambiente que nos rodeia. Por exemplo, uma sólida autovalorização pode nos estimular a melhorar as condições de trabalho, ao nos fazer pensar que merecemos isso. Por outro lado, um mau conceito de nós mesmos fomenta a desconfiança, o pessimismo, a resignação e a apatia. Outra diferença interessante é que aqueles que se estimam consideram como mais verossímeis as opiniões positivas que as negativas que os outros expressam sobre eles, enquanto os que se infravalorizam respondem ao revés, ou seja, tendem a aceitar com mais facilidade os comentários negativos de outros e a questionar os positivos.

As pessoas que se apreciam preferem centrar-se em suas capacidades ou virtudes potenciais, e não ficam obcecadas com limitações ou defeitos. Como resultado, dedicam mais esforço às coisas que dão certo, com o que se tornam mais resistentes e menos predispostas a desistir de algo. Imaginam-se e visualizam-se vencendo a adversidade. Como os bons esportistas, veem-se uma e outra vez ganhando as competições. Várias experiências nas quais se comparam pessoas de alta e baixa autoestima que precisam superar uma série de provas revelam que as de autoestima saudável que falham na primeira prova não perdem o entusiasmo ou a motivação diante de novos problemas. Pelo contrário, os participantes de baixa autoestima que não superam a primeira prova sentem-se desapontados e evitam abordar os problemas posteriores.

Contudo, o nível numérico da autoestima global da pessoa não é necessariamente indicador de suas aspirações. Há gente que se sente muito bem consigo mesmo e que tem poucas expectativas, e outras que, sem se valorizar muito, anseiam por grandes coisas, sonham com paraísos distantes.

Aqui eu gostaria de fazer um breve parênteses para mencionar esse grupo reduzido, mas patético, de indivíduos que parecem ser "viciados no fracasso". Não costumam ser pessoas deprimidas nem possuem um histórico de maus-tratos; tampouco sofreram muitas experiências adversas. Trata-se de homens e mulheres que desde a adolescência nunca alcançaram seus projetos ou metas, embora possuam o talento e os recursos para obtê-los. Se escutarmos detidamente esses "perdedores natos", teremos a impressão de que, mais que serem pés-frios ou azarados, eles mesmos escolheram livremente a sina da derrota e uma autoestima baixa. Muito necessitados de amor e de reconhecimento, sempre tentam consegui-los da forma mais ineficiente e odiosa. Mesmo quando se apresenta uma oportunidade fácil para obter algo que realmente desejam, conseguem estragar tudo. Mesmo sem se propor isso, são especialistas em montar enredos e na prática de estratégias contraproducentes, algo que lamentavelmente os leva a se envolver em relações ou atividades incompatíveis que complicam sua vida e só lhes trazem decepções. Ajudam outros — frequentemente, mais do que exige a situação — mas não a si mesmos. E, se alguém tenta apoiá-los, inconscientemente bloqueiam, rejeitam ou neutralizam o gesto.

Não se deve perder de vista que, para muita gente, a parte mais gratificante de seu trabalho ou tarefa durante o tempo livre é o componente social, a oportunidade de se relacionar e compartilhar tempo ou atividade com outras pessoas, sejam colegas de trabalho, clientes, sócios ou colegas de equipe. Precisamente, uma atividade que aumenta no mundo ocidental, e cujo efeito benéfico na autoestima de seus praticantes demonstrou numerosos estudos, é o voluntariado. Essa tendência é uma boa notícia, porque as tarefas que canalizam nossa solidariedade e bondade em relação aos demais, além de seu valor como mecanismo natural de sobrevivência da espécie e da ajuda que promovem a seus receptores, são muito saudáveis para aqueles que as executam. Foi demonstrado que as pessoas que praticam atividades voluntárias, mesmo sendo apenas uma hora semanal, sofrem menos ansiedade, dormem melhor, superam com maior discernimento as circunstâncias desfavoráveis da vida cotidiana e têm autoestima mais alta.

Segundo esse crescente exército de voluntários, o mais gratificante da atividade altruísta é o sentimento de compartilhar seus recursos emocionais e físicos, além da conexão com outras pessoas. Além disso, ser voluntário lhes oferece a oportunidade de diversificar suas fontes de satisfação com a vida.

Não quero deixar também de ressaltar os benefícios protetores da autoestima que a diversificação de nossas parcelas preferidas oferece. Do mesmo jeito que os investidores protegem seu capital diversificando-o ou colocando-o em distintos negócios ou títulos na Bolsa, é possível proteger nosso "eu" repartindo nosso capital de autoestima entre as diversas áreas que valorizamos positivamente em nossa vida. Por exemplo, levar a cabo com êxito uma ocupação ou atividade de que gostamos e que valorizamos pode amortizar o golpe de um descalabro no cenário das relações familiares. E vice-versa: a perda inesperada de um trabalho que nos satisfaz é menos devastadora se contamos com relações afetivas que apreciamos.

Sempre que trato desse tema, penso na receita que Simone de Beauvoir prescrevia para nos manter contentes conosco, apesar de nossa iniludível caducidade: "Fixando metas diversas que deem significado à existência; isto é, dedicar-se a pessoas, grupos ou causas. Submergir no trabalho social, político, intelectual ou artístico. Desejar paixões suficientemente intensas que os impeçam de fechar-se em si mesmos. Apreciar aos demais através do amor, da amizade; e viver uma vida ativa de projetos com significado".

Satisfação com a vida em geral

"Aqueles que se empenhem em encontrar sua verdadeira identidade deverão repassar cuidadosamente a lista de possibilidades e escolher aquela na qual queiram apostar sua felicidade."

William James, *Princípios de psicologia*, 1890

Antes de analisar a relação entre a autoestima e a felicidade, gostaria de esclarecer que a palavra "felicidade" não é de grande utilidade a esse respeito. O motivo é que o termo *felicidade* está carregado de conotações filosóficas, poéticas, moralistas e metafísicas que se prestam a um sem-fim de definições, das mais simples e populares às mais abstratas e incompreensíveis. O próprio Aristóteles, há quase dois milênios e meio, destacou em sua obra *Ética a Nicômaco* que, embora a felicidade seja "o bem supremo da humanidade", ninguém está de acordo sobre sua natureza. Em termos concretos, o grande filósofo escreveu: "As opiniões do vulgo estão muito distantes das dos sábios. Uns colocam a felicidade entre as coisas visíveis que saltam aos olhos, como o prazer, a riqueza ou as honras, enquanto outros a situam em outro lugar. A esse desacordo é preciso acrescentar que a opinião de um mesmo indivíduo varia muitas vezes sobre o que é a felicidade: se está enfermo, acredita que é a saúde; se é pobre, que é a riqueza; e, quando a pessoa tem consciência de sua ignorância, limita-se a admirar aqueles que falam da felicidade em termos pomposos".

O certo é que a diversidade de opiniões é compreensível, pois, como ocorre com a autoestima, a felicidade é algo pessoal, privado e subjetivo. Por outro lado, embora não nos coloquemos de acordo quando tentamos defini-la com palavras, acho que todos a reconhecemos quando a sentimos. No terreno da investigação, para minimizar a imprecisão semântica na ocasião de explorar e de medir o sentimento de felicidade nas pessoas, os especialistas e os investigadores que tratam desse tema preferem utilizar o conceito mais descritivo de "satisfação com a vida em geral". Acho que essa é uma boa definição. Contudo, para que nos entendamos, quando uso o termo felicidade me refiro a um estado de ânimo positivo e prazeroso, um sentimento bastante estável de bem-estar, que costuma acompanhar a ideia de que a vida, em geral, é satisfatória, tem sentido, vale a pena.

Dezenas de estudos por todo o mundo — como os de Michael Argyle, Ed Diener e Ronald Inglehart — confirmam o que venho repetindo nestas páginas: a maioria das pessoas se aprecia, embora os motivos variem de indivíduo para indivíduo. É curioso que essa mesma maioria não só declara que aprecia a si mesma, mas que, além disso, se acha mais feliz, otimista, inteligente, sociável, saudável, ética e objetiva que a média da população.

Independentemente da dose de egotismo ou de parcialidade a favor de si mesmo, do ponto de vista da evolução de nossa espécie, essa aparente abundância de alta autoestima não deveria nos surpreender. As pessoas que se valorizam tendem também a se sentir valorizadas pelos outros, a se manter vinculadas ao grupo social com o qual convivem, desejam ficar bem perante si mesmas e diante dos outros, e estão predispostas a progredir, a melhorar sua condição e a se superar. Com esse fim, empreendem com otimismo projetos socialmente construtivos e estabelecem metas e objetivos alcançáveis.

Outro acompanhante frequente da boa autoestima é a sensação de controlar razoavelmente o próprio programa de vida. Quando a pessoa pensa que está sentada no banco do motorista, que dirige seu destino, manda em suas decisões e governa seu dia a dia, sente-se mais segura e contente consigo mesma que quando se vê impotente ou incapaz de dominar as circunstâncias. Todas essas qualidades fortalecem as probabilidades de sobrevivência e reforçam a motivação para se reproduzir, algo que se observou sobretudo nos tempos ancestrais, nos quais a evolução teve papel dominante.

Um dado amplamente comprovado é que existe uma conexão entre a alta autoestima saudável e a satisfação com a vida em geral das pessoas. Concretamente, os homens e as mulheres de qualquer idade, que gostam e aceitam a si mesmos, costumam se sentir razoavelmente felizes. De fato, como demonstrou o professor de psicologia da Universidade de Michigan, David G. Myers, em sua exaustiva revisão de investigações a respeito, o indicador que prediz com maior segurança o nível de satisfação com a vida de uma pessoa é o nível de satisfação consigo mesma. E essa relação é bastante conhecida. Entre 75 e 85% dos homens e mulheres pesquisados sobre esse tema em estudos globais selecionaram "ter boa opinião sobre si mesmos" como componente "muito importante" de sua felicidade. Mais ainda, nenhum participante considera o fator autoestima irrelevante para se sentir feliz.

Ao se averiguar se uma pessoa é feliz, não nos ajuda saber se é homem ou mulher, casada ou solteira, viúva ou divorciada, se vive folgadamente ou passa apuros, nem se é fisicamente atraente ou tem aparência comum. Tampouco nos ajuda conhecer se é muito inteligente ou de intelecto comum, se é nativa ou imigrante, se tem quinze ou setenta anos, ou se é advogado ou encanador. A melhor pista para acertar é saber em que medida goza de uma alta, saudável e construtiva autovalorização de si mesma.

A autoestima é tão valiosa que a protegemos a todo custo, contra o vento e a maré. Como já salientei, nós a defendemos apesar de termos de contornar os fatos desfavoráveis e optar automaticamente por explicações que nos beneficiem, embora elas sejam ilusórias ou, até mesmo, impliquem comparações vantajosas ou a desvalorização dos demais.

Apesar disso, embora uma boa autoestima constitua peça indispensável da sorte, não é condição suficiente. Explico-me: no caminho tortuoso da vida, há homens e mulheres afligidos por males dolorosos ou percalços implacáveis que, sem ter relação alguma com seu grau de autoestima, lhes arruínam as probabilidades de se sentirem felizes. Por exemplo, a dor recorrente e recalcitrante é um veneno da felicidade que não costuma aniquilar diretamente a autoestima dos afligidos.

A função natural da dor é servir de alarme e nos avisar de que alguma parte do corpo sofre um mal ou um desarranjo, o que nos impulsiona a tomar medidas para nos proteger. Mas, às vezes, a dor é tão insuportável que nos trai e destroça a vida. Embora a medicina conte hoje com poderosos remédios analgésicos, há dores crônicas intensas e indomáveis que consomem a alegria dos mais resistentes. Sirvam de exemplo o martírio que sofrem alguns enfermos de nevralgias ou enxaqueca e as vítimas de cânceres que lhes invadem os ossos. Por outro lado, certas enfermidades crônicas do cérebro, do coração e dos pulmões, ou as sequelas de traumatismos graves, mesmo não sendo tão dolorosas, podem causar incapacitações intoleráveis, pois destroem a autonomia e a aptidão para participar na sociedade e se manter conectado com os demais.

Outro veneno da satisfação com a vida, que não necessariamente fere a autovalorização positiva ou o apreço por si mesmo, a não ser que a pessoa se culpabilize, é a morte de um ser querido. Para as crianças, a perda da mãe ou do pai é o golpe mais cruel. Para os adultos, costuma ser o falecimento do companheiro ou de um filho. Embora com o passar do tempo e o processo natural de dor a maioria das pessoas se recupere em dez ou doze meses dessas perdas sentimentais, para alguns desafortunados a desaparição irrevogável de um ser querido converte-se em ferida permanente que mina irremediavelmente sua alegria.

Como vemos, a relação autoestima/felicidade não é unidirecional simples e clara de causa/efeito. Isso me faz recordar perguntas tão proverbiais e incontestáveis como a que se fez o Príncipe num canto a Cinderela: "Amo você porque é bela ou a vejo bela porque a amo?" Ou a que se fazem alguns naturalistas: "O pássaro voa porque tem asas, ou tem asas porque voa?" A relação entre felicidade e autoestima é de companhia na qual a felicidade sempre anda junto com a autoestima saudável; porém, como vimos, a boa autoestima também pode acompanhar pessoas que não são felizes devido a desgraças imponderáveis.

Contudo, o normal é que uma autoestima favorável, baseada no sentido de controle sobre a própria vida e a capacidade para se adaptar às mudanças e superar os reveses, suponha uma quase-garantia de felicidade para qualquer um. Por tudo isso, entender as chaves da autoestima, sua construção, seus ingredientes e seu papel em nossa satisfação com a vida em geral é uma inversão muito segura e rentável. No final das contas, há algo mais determinante na vida do que como nos sentimos conosco?

Recapitulação e agradecimentos

> "É trabalho de toda a aldeia conseguir que um livro veja a luz."
>
> Hillary R. Clinton, *É tarefa de uma aldeia*, 1997

Resumindo, os seres humanos gozam de uma assombrosa aptidão para se observar e se analisar interiormente. A luz da consciência e a capacidade de introspecção são instrumentos maravilhosos e únicos da espécie humana que nos permitem examinar e valorizar nossa própria imagem ou a representação mental que construímos de nós mesmos. No entanto, a consciência de si mesmo e a habilidade para perceber e julgar nossos pensamentos, emoções e condutas podem apagar-se temporariamente ou ferir-se de forma permanente como consequência de lesões ou de transtornos cerebrais bem como de substâncias que produzem efeitos tóxicos sobre o cérebro. Apesar disso, a maioria das pessoas mantém o fulgor interior aceso e urde pouco a pouco o tecido de seu "eu".

O conceito de si mesmo é construído, durante as duas primeiras décadas de vida, como resultado da combinação de múltiplos ingredientes. Uns vêm programados na bagagem genética que trazemos ao mundo; outros se configuram nos vínculos afetivos que criamos durante a infância e nas experiências que vivemos. Um ambiente familiar e escolar seguro, carinhoso e estimulante nutre os pilares naturais de um "eu" saudável nas crianças. Ao contrário, sob condições de incerteza, abandono e penúria extrema, esses suportes são quebrados e a ideia que os pequenos formam de si mesmos acaba distorcida.

Fatores também muito influentes no processo de desenvolvimento de nossa identidade incluem as opiniões que, em nosso modo de ver, as pessoas que consideramos importantes têm de nós; nossa percepção da valorização que faz o meio social em que vivemos de nossas aptidões e características físicas, mentais e relacionais; e o impacto que tem em nós e nos outros a imagem pública que apresentamos.

É óbvio que quase todas as pessoas se comportam de forma diferente quando estão sozinhas do que ao serem observadas por outros. Dado que muitos aspectos do conceito de si mesmo dependem de como somos avaliados pelos demais, é razoável que façamos o possível para que os diferentes grupos com os quais relacionamos nos percebam favoravelmente. Nesse sentido, somos personagens que desempenham papéis distintos no cenário da vida.

Não menos importante na formação de nosso "eu" é a consciência da eficácia e a utilidade que retiramos de nossas funções executivas. Todos já saboreamos alguma vez o regozijo e o orgulho que supõe alcançar uma meta que nos propomos no longo prazo, especialmente se prova nossa força de vontade. Graças a essas aptidões, podemos administrar satisfatoriamente nosso dia a dia e trabalhar para conquistar o que desejamos nas diferentes parcelas da vida, sejam as relações, os estudos, o trabalho ou os interesses.

A capacidade para nos autovalorizar se desenvolve progressivamente desde a infância. Os julgamentos de valor que fazemos sobre nós mesmos sempre vão acompanhados de um componente emocional coerente. Todos nos avaliamos subjetiva e privadamente de modo global, mas essa avaliação está, na verdade, baseada em atributos pessoais concretos que consideramos importantes. Por isso, na hora de analisar a autovalorização é fundamental que identifiquemos os atributos que valorizamos e o significado que lhes damos.

A maioria das pessoas tenta por todos os meios proteger a autoestima. Com esse fim, usam, consciente ou inconscientemente, mecanismos de defesa. Esses mecanismos têm como missão fundamental preservar os valores privado e público. Graças a essas estratégias protetoras disfarçamos uma realidade devastadora com uma ilusão esperançosa, neutralizamos uma situação humilhante com uma falácia persuasiva. Essa habilidade, única de nossa espécie, ajuda a superar os momentos de prova e vulnerabilidade que a vida nos apresenta.

Entretanto, a necessidade imperiosa de cuidar e amparar nossa autoestima não implica negar todos os aspectos de nossa maneira de ser de que não gostamos, ou ignorar todas as atividades nas quais nos sentimos incompetentes. Distorcer excessivamente a realidade pode se converter em um obstáculo na hora de identificar defeitos que poderíamos e deveríamos mudar, ou na hora de encontrar uma forma de melhorar nossa maneira de ser e nossa qualidade de vida.

Quase todos podem permitir certa autocrítica razoável e sensata, sem cair no autodesprezo. De fato, os sentimentos normais de culpa e de remorso são úteis porque nos ajudam a examinar, a questionar e a reconhecer erros ou excessos. Eles nos motivam a nos desculpar, a ver o outro lado e, se o consideramos conveniente, a esforçar-nos em mudar com o objetivo de ser melhores perante nossos olhos e os dos demais.

O estudo da autoestima ou do apreço que as pessoas têm de si mesmas coloca dois desafios. Um tem que ver com a natureza essencialmente íntima e pessoal da autoestima. Como consequência, seu estudo está impregnado de subjetividade. O segundo está relacionado com o significado que se dá ao próprio conceito. Contra o que se pensava até pouco tempo atrás, uma alta autoestima não é necessariamente sinal de saúde mental nem traço benéfico. O que importa são as qualidades que as pessoas consideram relevantes na hora de se autovalorizar e o uso que fazem delas. Por isso, quando falamos de alta autoestima, é necessário diferenciar a autoestima saudável ou construtiva, baseada em qualidades que fomentam o saudável bem-estar do indivíduo e dos demais, da autoestima narcisista ou destrutiva, que se alimenta do sentimento de superioridade ou de poder sobre o próximo.

A distribuição da autoestima não é totalmente equitativa. No geral, os homens manifestam taxa subjetiva um tanto mais alta que as mulheres. Além do impacto que tenha deixado na mente das mulheres a longa história de discriminação, uma proporção maior de mulheres que de homens interioriza uma noção desfavorável de sua aparência física e sofre de ansiedade ou depressão. Ao contrário, os transtornos da personalidade, que têm incidência mais alta entre os rapazes, não afetam sua autovalorização, embora frequentemente fomentem um destrutivo complexo de superioridade. A autoestima entre os membros dos grupos "desvalorizados" e discriminados pela sociedade depende, em grande medida, da capacidade para reconduzir e apreciar suas qualidades individuais; e proteger-se, distanciar-se, racionalizar e, definitivamente, rejeitar os estereótipos negativos que lhes designam os grupos majoritários que se acham superiores.

O termômetro da autoestima marca níveis especialmente saudáveis entre as pessoas de temperamento extrovertido e entre as com caráter otimista, que tendem por natureza a se julgar considerando principalmente suas características mais positivas. Um dado tranquilizador, especialmente por suas implicações futuras para a sociedade, é o alto apreço de si mesmos que se detecta na maioria dos jovens.

A autoestima também tem um lado tenebroso. Nesse aspecto estão representadas as violentas consequências da autovalorização narcisista prepotente, fundada no sentido de superioridade e na necessidade de domínio sobre os demais. O narcisista, apesar de sua autoestima inflada, tende a se comportar de forma destrutiva em relação àqueles que o rodeiam. Os sentimentos extremos de superioridade, unidos ao desprezo de outros seres humanos, terminam degenerando em crueldade e em violência. Um apaixonado por si mesmo que reclama orgulhosamente a rendição daqueles que, em sua compreensão, devem apreciá-lo não suporta o mínimo atrito ou ferida em seu orgulho pessoal, e é propenso a agredir física e psicologicamente seus semelhantes mais vulneráveis, seja no meio familiar, escolar, de trabalho ou urbano.

No lado obscuro da autoestima também se refletem os efeitos perniciosos do ódio a si mesmo. As pessoas inclinadas a se sentir indefesas, ou vítimas involuntárias e permanentes de um destino que não escolheram, ou frustradas e impotentes perante suas próprias expectativas inalcançáveis, ou abatidas pelo desespero melancólico, frequentemente veem suas vidas arruinadas pelo autodesprezo. A rejeição de si próprio causa sentimentos de desencanto e inferioridade; fomenta o isolamento social, a indecisão, a insegurança; alimenta a desconfiança e é o caldo de cultivo para as condutas autodestrutivas.

Afortunadamente, a maioria das pessoas se aprecia de forma razoável, embora os motivos para gostarem de si mesmas não sejam os mesmos. Isso é um bom dado, pois a satisfação com a vida em geral anda sempre junto com autoestima saudável. A autoestima saudável estimula emoções prazerosas e a confiança em nós mesmos, ajuda a neutralizar experiências estressantes, é um bom "acessório" das relações com outras pessoas e promove a laboriosidade e as condutas saudáveis. Apreciar o bom da vida, amar os outros, entregar-se a um trabalho ou a uma atividade gratificante para si mesmo são, como vimos, ingredientes essenciais da felicidade humana. Vemos, pois, que algo tão subjetivo e indefinível como o apreço por si mesmo possui uma firme e ativa conexão com o apreço para com os outros e em relação às ocupações que nos enriquecem como seres humanos.

A verdade é que para viver razoavelmente contente e tirar o melhor que a vida oferece não basta só vencer os males que nos afetam, mas é primordial conhecer e fortalecer os componentes de nossa natureza que constroem nosso destino. De todos eles, a autoestima ocupa o primeiro lugar.

Finalmente, o estudo desse aspecto tão íntimo e fundamental do ser humano, por um lado, situa-nos diante de nossa vulnerabilidade perante os infortúnios da vida. Por outro, no entanto, nos revela como quase todas as pessoas superam as adversidades que se interpõem em seu caminho. Talvez isso seja algo que deveríamos aceitar como fato, pois, de outra forma, como explicar a sobrevivência de nossa espécie, tão consciente de si mesma, sem que a maioria de seus membros pense que a vida, no conjunto, vale a pena?

Como vocês podem imaginar, queridos leitores, para escrever este livro usei as ideias que brotaram na minha mente e numerosas observações que outros fizeram. Ajudaram-me experiências pessoais, felizes e amargas, e conhecimentos profissionais práticos e teóricos. Também me beneficiei da sabedoria das pessoas mais velhas e mais novas que me rodeiam, das vibrações tangíveis de otimismo que irradia a população nova-iorquina e, especialmente, das penetrantes lições que aprendi com meus pacientes.

Por sorte, na ocasião de modelar tudo isso no papel, voltei a contar com o estímulo, as sugestões e o conhecimento gramatical dos generosos amigos de sempre. Aqui estão, mais uma vez, em ordem alfabética: Paula Eagle, Mercedes Hervás, Lucía Huélamo e Gustavo Valverde. E também mais uma vez quero expressar minha gratidão aos amigos da editora Espasa Calpe e, em especial, a Olga Adeva, por seus sábios conselhos, e a minha boa amiga e editora Pilar Cortés, por seu firme apoio e inesgotável entusiasmo.

Sobre o autor

Luis Rojas Marcos nasceu em Sevilha, em 1943. Em 1968, emigrou para Nova York, onde mora desde então, e se dedica à medicina, à psiquiatria e à saúde pública. Em 1992, foi nomeado chefe dos serviços de saúde mental, alcoolismo e dependência química de um município nova-iorquino. De 1995 a 2002, dirigiu o Sistema de Sanidade e Hospitais Públicos de Nova York.

Atualmente, é professor de psiquiatria da Universidade de Nova York e membro da Academia de Medicina da mesma cidade. Na Espanha, é chefe da Fundação "la Caixa", curador de honra da Fundação Adana e colabora com instituições que se dedicam a temas sociais e de saúde. Para maiores informações sobre o autor, acesse o site www.luisrojasmarcos.com.

CIP-BRASIL. CATALOGAÇÃO NA FONTE
SINDICATO NACIONAL DOS EDITORES DE LIVROS, RJ.

R645a
Rojas Marcos, Luis, 1943-
Autoestima: nossa força interior / Luis Rojas Marcos; tradução Marcelo Barbão. – Rio de Janeiro: PocketOuro, 2011.

Tradução de: La auto estima

ISBN 978-85-7955-050-8

1. Autoestima. I. Título

CDD 158.1
CDU 159.947

Este livro foi composto em Adobe Caslon Pro, e impresso pela Ediouro Gráfica sobre papel Offset 63g/m²
para o PocketOuro em 2011.

PocketOuro

Treze à mesa, *Agatha Christie*
Não sou a MulherMaravilha, mas Deus me fez maravilhosa!, *Sheila Walsh*
O Universo conspira a seu favor, *Jerry e Esther Hicks*
A última semana, *Marcus Borg e John Crossan*
A arte de ser feliz sem sair do lugar, *Maurice Smith*
A Mansão Hollow, *Agatha Christie*
Jesus, o maior filósofo que já existiu, *Peter Kreeft*
O livro da felicidade, *Dalai Lama*
A arte da guerra, *Sun Tzu*
De bem com a vida, *Deborah Norville*
Os elefantes não esquecem, *Agatha Christie*
Poliana, *Eleanor H. Porter*
Sem tempo pra nada, *Edward M. Hallowell*
Um corpo na biblioteca, *Agatha Christie*
365 bênçãos, *Max Lucado*
Madonna: 50 anos, *Lucy O'Brien*
Como saber quem você é, *Dalai Lama*
A oração de Maria, *Keith Fournier e Lela Gilbert*
Poliana moça, *Eleanor H. Porter*
A vida de Chico Xavier em quadrinhos, *Rodolfo Zalla e Franco de Rosa*
A Cruz e o Crescente, *Richard Fletcher*
Alice no País das Maravilhas, *Lewis Carroll*

Hitler, *Joachim Fest*
O Bem-Amado, *Dias Gomes*
As 17 incontestáveis leis do trabalho em equipe, *John C. Maxwell*
As memórias do livro, *Geraldine Brooks*
O livro de ouro da Bíblia, *J. W. Rogerson*
Falando com os anjos, *Roberto B.O. Goldkorn*
Gente como a gente, *Max Lucado*
A montanha e o rio, *Da Chen*
O Tigre Branco, *Aravind Adiga*
Os manuscritos de Jesus, *Michael Baigent*
O livro de ouro das religiões, *John Bowker (org.)*
A cabeça de Steve Jobs, *Leander Kahney*
O livro de ouro do Universo, *Ronaldo Mourão*
Conversando com Deus, vol. I, *Neale D. Walsch*
Conversando com Deus, vol. II, *Neale D. Walsch*
Churchill, Hitler e "a guerra desnecessária", *Patrick J. Buchanan*
O livro de ouro dos sonhos, *Gayle Delaney*
Quem Jesus foi? Quem Jesus não foi?, *Bart D. Ehrman*
Comporte-se como uma dama, pense como um homem, *Steve Harvey e Denene Millner*
Resistência, *Agnès Humbert*
Um presente de Deus, *Glenn Beck, Kevin Balfe e Jason Wright*
O beijo no asfalto (graphic novel), *Nelson Rodrigues, Arnaldo Branco e Gabriel Góes*
O último templário, *Raymond Khoury*
O vencedor está só, *Paulo Coelho*
Autoestima, *Luis Rojas Marcos*
Emagreça sem sacrifícios, *Dr. Pierre Dukan*
Talento para ser feliz, *Leila Navarro*